# 传播的边界

## 大众之后　赛博之前

曲　慧◎著

中国華僑出版社
·北京·

**图书在版编目（CIP）数据**

传播的边界：大众之后，赛博之前 / 曲慧著. --北京：中国华侨出版社，2021.12
ISBN 978-7-5113-8598-7

Ⅰ. ①传… Ⅱ. ①曲… Ⅲ. ①传播学—研究 Ⅳ. ①G206

中国版本图书馆CIP数据核字（2021）第185937号

**●传播的边界：大众之后，赛博之前**

**著　　者** / 曲　慧
**责任编辑** / 王　委　桑梦娟
**封面设计** / 胡椒书衣
**经　　销** / 新华书店
**开　　本** / 710毫米×1000毫米　1/16　印张/ 12.75　字数/ 170千字
**印　　刷** / 北京天正元印务有限公司
**版　　次** / 2021年12月第1版　2021年12月第1次印刷
**书　　号** / ISBN 978-7-5113-8598-7
**定　　价** / 55.00元

中国华侨出版社　北京市朝阳区西坝河东里77号楼底商5号　邮编：100028
发 行 部：（010）64443051　传　真：（010）64439708
网　　址：www.oveaschin.com　E-mail：oveaschin@sina.com

◎中国博士后科学基金面上基金一等资助“信息解构与观念建构：
个人媒介系统的作用机制研究”（2019M660028）

◎中央高校基本科研业务费专项资金资助
“后大众时代媒介消费模式变迁与媒体价值重构”(2018NTSS43)

# 自序

THE PREFACE OF THE AUTHOR

## 万物不皆媒

有限理性的人（bounded rational man）所实践的一定是有限传播（bounded communication）。

在“万物皆媒”的时代唱反调，似乎不是个明智的决定。

纵观五年来我个人的研究旨趣始终在一个大的方向里探索，那就是“传播的边界”。我们深信并正在深切感知，数字媒体与互联网工程让万物联网，使信息通达，令人人在线。然而，正如人的时间、认知、理性都是有限的，即便“万物可媒”，也并不一定“万物皆媒”。有限理性的人所实践的，一定是有限传播，边界与限度是我个人始终着迷的研究主题。

一直以来，学者们都尽其所能地给出一个关于“媒介”的真理：海德格尔（Martin Heidegger）认为，媒介即工具，中介即遮蔽，“媒介之外别无他物”。[①] 卡斯特（Manuel Castells）认为，技术就是一种媒介，是一种具有其自身含义的社会建构。[②] 卢曼（Niklas Luhmann）则认为，“媒介”应该是使交流（传播）的接续得以确保的东西。作为社会系统论的提出者，卢曼认为不同的系统都有各自的“媒介”——政

① 戴维·J. 贡克尔，保罗·A. 泰勒 . 吴江，译 . 海德格尔论媒介 [M]. 北京：中国传媒大学出版社 . 2019：27.

② Castells, Communication, power, and counter-power in the network society. International Journal of communication. 2007(1): 238-266.

治系统以“权力”，家庭系统以“爱”，经济系统以“货币”为媒介来确保交流（传播）的接续。[1] 而在传播学领域，目前探讨最多的，仍然是信息传播媒介。各种超高普及率的智能终端正在成为海德格尔所说的“工具”，卡斯特所说的“社会建构”，以及卢曼所说的“交流的接续”。这也正是感知上“万物皆媒”的来源之一。

然而早在传播学建立之初，香农（Claude E.Shannon）与维纳（Norbert Wiener）就提出：信息不同于信息载体，而是一种独立实体的概念[2]。那么，载体层面的“接续”与信息层面的“接续”似乎也应该分立看待。

载体，或者说机器，自古以来一直都在改变人的行为系统。机械理论家弗朗茨·勒洛（Franz Reclueaux）将机械定义为一种残忍的转化器，将“自然力量无尽的自由”转化成“普通的外在力量不可撼动的秩序与规则”[3]。沃尔夫冈·希弗尔布施（（Wolfgang Schivelbusch）在《铁道之旅》的序言中，把蒸汽机、铁道和计算机列为“世界机器”，认为铁路以“将英里折叠起来（lapped the miles）”的方式，只用了一代人多一点的时间就引入了一套新的行为体系：不仅是旅行与交流，还包括思想、感觉与期望的体系。以手机为代表的智能终端所带来的行为方式也是如此——智能手机诞生至今不到20年，它通过开辟新的媒介时空，折叠更个人化的时间与空间，不断创造着各种崭新的传播方式、语言方式、交往方式甚至思维方式。如同任何一个传播领域内蓬勃生长的机器所带来的变革一样，从广播、电视、计算机到手机，并未完待续。各种机器最终流淌进入人类社会的脉络，塑造一部分行为，退化了一部分野心，迭代了人类社会的传播系统。

事实上，传媒与工具、机器不同，工具与机器是我们用来提升劳动效率的器具，而传媒是一种我们用来生产“人工世界”的装置，它开启了我们新的经验和时间方式，没有这个装置，这个世界对我们来

---

① 樱井芳生，李卓钧．卢曼社会系统论中的媒介观简介 [J]. 新闻与传播评论，2010（00）：49-55+235.

② 凯瑟琳·海勒．刘宇清，译．我们何以成为后人类．北京：北京大学出版社，2017：4.

③ Reclueauhe, T. Kinematics of Machbinery. Alex B.W. London: Kennedy, London, 1876.

说是不可通达的。[①] 赛博（cyborg）是目前人工世界、智能传播领域里的最高想象力。威廉・吉布森（William Ford Gibson）把后人类的身体描述为“数据做成的躯体”[②]。有关赛博的设计中，最重要的部分是有机身体和延伸假体的信息通道。这种设想提出一种新的信息观念：把信息视为某种无形的实体，可以在以碳元素为基础的有机部件和以硅元素为基础的电子部件之间相互流动，从而使碳和硅就像在同一个系统中运行[③]。显然，在我们定义人工智能的时候，我们也在重新定义着人类。

最新的关于人类未来与下一个移动互联网的热门概念叫做“元宇宙”（metaverse），这是个 29 年前就存在的科幻概念，随着最近几年吸纳了日臻成熟的 AI、AR/VR、区块链等技术成果后，突然占领了创业者和资本的注意力。业界对“元宇宙”的描述是：它是从互联网进化而来的一个实时在线的世界，是由线上、线下很多个平台打通组成的一种新的经济和文明系统。人类通过数字化身（avatar）随时随地进入元宇宙，甚至在线下的身份仅仅是为线上替身角色提供延续性的支持。当然业界也有关于“元宇宙”8 大要素的基本共识：身份、朋友、沉浸感、低延迟、随地登陆、经济系统和文明。

无论是关于数据化的身体——“赛博”，还是具身化的数据——“元宇宙”，一个基本问题始终不容忽视：人的有限性。齐美尔（Georg Simmel）认为，人的特殊性在于，方方面面的存在、时时刻刻的行为，都处在一定的界限之间，这一点决定了人在世上的定位[④]。若是没有界限为从事理解的主体行动者寻觅并确立位置，人类相对于事物就会变得渺小。界限不仅确立方向，而且还提供安全感、确定性，以及世界的可理解性[⑤]。媒介的权限越无限接近于个人，关于媒介的理论就

---

① 克莱默尔 . 传媒、计算机、实在性：真实表象和新传媒 . 孙和平，译 . 北京：中国社会科学出版社 2008：7-8.

② William Gibson, Neuromancer, New York: ACE BOOKS, 1984: 16.

③ 凯瑟琳・海勒 . 刘宇清，译 . 我们何以成为后人类 . 北京：北京大学出版社，2017：3.

④ Simmel, Georg. The view of Life. Chicago and London: The University of Chicago Press. 2010.

⑤ 基思・特斯特 . 李康，译 . 后现代性下的生命与多重时间 . 上海：上海文艺出版社，2020：8.

越应当从社会理论层面不断靠近个人理论——从社会选择趋向个人选择，从社会决策趋向个人决策，从社会性效果趋向个体效果，这些源自个体的选择、决策与效果共同重构了整个社会的结构。从某种意义上说，个体的界限，从根本上框定了社会的界限。

本书的主要内容部分整理自我2018年完成的博士毕业论文与2020年完成的博后出站报告，某种程度上说，在这个瞬息万变的传媒研究领域，有些内容和数据甫一出版就已经发生了变化，好在我的出发点是关于变化较为缓慢的对象“人”，研究的是“万物可皆媒，人为什么并不以万物皆媒？”其中的道理和发现可能终究会寻踪溯源找到一些古老而顽固的原因。

因此，在这本书里能看到我的各种尝试，从不同的学科和理论里企图找到关于上述顽固思考的解释：我试图在媒介行为中引入行为经济学视角，它的“社会人”与“有限理性”的基本假设意义重大，在各种不经济、不理性的社会行为中，媒介行为似乎是更不经济更不理性，且所有的不理性都有迹可循的一个类别。也可以从这里找到管理学视角，经济学崇尚理性，管理学重视人性，那些没有被理性纳入数字却难以忽视的人性力量，在传媒治理研究中会有重要的启发意义。书中还可以看到心理学尤其是发展心理学对我的研究的影响，我深信媒介作为一个基本的社会环境建构，一定对随之成长的不同代际人群产生观念上、行为上的世代性烙印。给我启发的甚至包括儿童绘本（社会时空的研究灵感来自于此）、经典小说（出世作家三把椅子的故事），所以，这第一本专著尽数体现了一个工作多年重回学术圈开始研究工作的人的杂食、胆量与好胃口。理论想象力不会来自于理论辞典，它可能首先来自于无知无畏的探索自由。

本书中的部分文章已经在多篇CSSCI期刊上发表，此次出版之际以新的思路做了内容上的重新整合。文章大多是与我的导师喻国明教授联名发表，一个初回学术界的人对理论创新的胆量与信心也大多来自喻教授的鼓励和肯定，在此再次表达感谢与致敬。

书名《传播的边界：大众之后，赛博之前》只是对一个传播阶段的浅薄思考。也许信息的接力者们没有走向赛博，抑或是重归了某种进阶版的大众，至少在这个当下这个传播阶段，零碎思考权且当作一个切片，祈望能对长河一般的传播思想贡献点滴。

曲　慧<br>2021 年 9 月<br>于北京

# 目录
CONTENTS

# 第 1 章

# 秩序与失序

我们正生活在这样一个时代——在社会行动上“去序列化”，在个人时间和事务排列上“持续分心”，在人际关系上“永久在线”，在媒介上拥有一系列“媒体家具”可供选择。我们也生活在一个“流动的现代性”社会之中：个体化、自由、复杂而不确定、冲破一切旧有的秩序，并正在艰难重建。在传播领域，这种秩序重建表现为大众的消失、媒介化社会的浮现与传播系统的整体变迁。

01. 大众传播秩序的瓦解

02. 媒介化社会与消失的“新媒体”

03. 媒体的“有界”与系统的“无界”

# 01

# 大众传播秩序的瓦解

“最极端的失序（非理性），往往是秩序（理性）的无心之果。”

——斯科特·拉什

全球每年都有不少于100位学者试图概括这个不确定的时代：安东尼·吉登斯（Anthony Giddens）把现代社会生活象征性地描述为一股庞大的、失控的“毁灭力”，正在颠簸着往前行进，却没有驾驶员控制方向盘。齐格蒙特·鲍曼（Zygmunt Bauman）认为“流动的现代性”是对世界所形塑的稳固性和定型化的一种反叛。曼纽尔·卡斯特（Manuel Castells）认为有一条“网络星河”，它的不断膨胀正在把这个世界引向一个完全一致的信息结构……[①] 也有众多学者尝试从不同的维度来解读“变革”，对其中的“秩序”做出定义——他们提出今天的社会从结构维度而言是“网络社会”（Network Society）。从制度维度而言是“灵活社会”（Flexible Society）。从文化维度而言是“网络文化社会”（Cyber Society）。从智识角度而言则是“自我导向社会”（Self-directed Society）。这些维度代表着环境、行为、意识以及物质各方面的变化，并由此出现了一种所谓“混成社会”（Heterotopic Society）。其特征是本体论上的异质性、关系上的分裂、性质上的杂糅以及拓扑

① Urry, J.（2003）. Global Complexity. Cambridge: Cambridge University Press.pp.2-3.

意义上的相变，其结果是“技术社会形成模式”的涌现，并伴随着由现代知识范式向后现代知识范式的转变①。

典型的现代性世界观认为，世界在本质上是一个有序的总体，表现为一种可能性非均衡性分布的模式，这就导致了事件的“可解释性”，因此解释如果正确便会成为预见（若能提供必需的资源）和控制事件的手段。而典型的后现代性世界观认为，世界在本质上是由无限种类的秩序模式构成，每种模式均产生于一套相对自主的实践。②

从2000年开始，社会学家鲍曼启用“流动的现代性（Liquid Modernity）”③一词来表述和修正关于后现代的理论与阐述。必须说明的是，按照鲍曼的观点，后现代并非对现代的否定，而是现代的“成年”。“流动现代性”也并非对后现代否定，而是跳出“现代－后现代”话语的一次重新审视。

文化研究学者斯科特·拉什（Scott Lash）将当代社会定义为“信息社会（Information Society）”，除了继承后现代在理论中探讨秩序、碎片化和非理性的传统，拉什的信息社会理论也同时在探讨当代人所经历的新一轮秩序与失序，“最极端的失序（非理性）往往是秩序（理性）的无心之果”④。同时，他也指出，信息社会中主导媒介形态的变化所带来的后果——在信息时代之前，人类社会中占主导地位的媒介是叙事、律诗、论说、绘画，如今则是信息和传播。可以说，信息与传播正在以主导媒介形态的方式，参与新一轮社会秩序的重构。

### 1.1.1 大众的消逝与重拾

以报刊、广播、电视为代表的大众传播是传播学诞生的起点。因此某种意义上说，现今我们讨论的很多“媒体”理论与概念都基于

① 金文朝．网络社会变迁国际学术研讨会，中国人民大学，2017-9-16.

② 齐格蒙特·鲍曼．立法者与阐释者：论现代性、后现代性与知识分子．洪涛译，上海：上海人民出版社，2000：4-5.

③ 作者注：流动的现代性（Liquid Modernity）这一概念，在我国台湾学者的研究中常被译为“液态现代性”，在本书的相关阐述中，笔者仍较多使用简体中文界更为通用的“流动现代性”译法，偶有根据语态采用“液态”一词语来表述同意语义．

④ 斯科特·拉什．信息批判．杨德睿译．北京：北京大学出版社 2009：23.

大众传媒时代而来。“议程设置”理论的奠基人唐纳德·肖（Donald Shaw）提出，“大众传媒时代”早在20世纪80年代就已经结束了。他认为，后大众时代，任何一种媒介的存在都以关系和社群为核心，绝不仅仅是信息[①]。

从长远的、整个人类传播历史来看，大众传媒的传播方式并非主流。大众传媒只是借由崛起的传媒技术和社会阶段性需要而诞生的一种特殊存在，某种程度上说，是传播形态与渠道搭载着进阶版技术的一种升级式回归。如同前《经济学人》全球副主编汤姆·斯丹迪奇（Tom Standage）在总结两千年社交媒体史的著作《从莎草纸到互联网》中所反思，罗马人传递信息与今天我们传递信息的逻辑有什么联系与不同？莎草纸卷和社交媒体相比较，其传播速度不可同日而语，但其本质相同，即信息沿着个人与个人之间的横向关系网游走，而并非由“一个非人中心来源”垄断发布渠道和信息的源头，进而做自上而下的纵向传播。“大众媒体”就是借由这个“非人中心信源”的方式创造的特殊时代传播。“大众传播技术能够以空前的速度和效率把信息直接供应给大批受众，但它们的高昂费用意味着对信息流的控制集中到了少数人手中。信息的传递于是采取了一种单向、集中、广播的方式，压倒了过去双向交流、社会化的传递的传统”[②]。

社交媒体的诞生使得媒体丰裕，信息剧增。2014年时有学者估算：如果以每秒一个网页的速度，浏览完当时的所有网页，需要至少230年[③]，如今这个数字早已日新月异。至2017年底，用户近11亿的微信，每日信息发送量为38亿条，每日朋友圈上传的视频超过6800万个，活跃公号数量超过350万个[④]，而到2020年，几乎全民覆盖的微

---

① Shaw, D. L., McCombs, M., Weaver, D. H., & Hamm, B. J.（1999）. Individuals, groups, and agenda melding: a theory of social dissonance. International Journal of Public Opinion Research, 11（1）, 2-24.

② 汤姆·斯丹迪奇．从莎草纸到互联网：社交媒体2000年．林华译．北京：中信出版社：2015：5-6.

③ 马克·格雷厄姆，威廉·H.达顿主编 另一个地球——互联网＋社会．胡泳等译．北京：电子工业出版社2015：223.

④ 据2017年11月9日腾讯全球合作伙伴大会发布的《2017微信数据报告》。

信成为集合多种功能为一体的超级应用，其数据量与信息量均在持续地几何级增长。与海量信息同步飞增的是海量的用户，截至 2020 年 6 月，我国网民规模为 9.40 亿人，其中手机网民规模为 9.32 亿人，占总体网民人数的 99.2%[①]，手机正在成为个人移动终端不可撼动的第一选择，而每个人的手机都在呈现不一样的信息系统。

于是信息传播不再有固定的时间、地点、组织，个人对信息的消费和支配不再需要严格遵循大众时代媒介机构制定的出版时间与节目单，每个人都通过一系列媒介消费行为来制定与组织自己的媒介渠道。这样的根本性变革，不仅在于数量级上的增减，更在于以消费者个人为变量的根本性变革。如同鲍曼所说，个体依附和互动模式的转变是“流动”的开始。[②]

信息流已经不仅仅是控制在少数传媒从业者的手中，社交媒体上瞬间达成的各类全民狂欢，比大众传媒时代更加快速、广泛、影响力显著。动辄出现的社交热潮，其短时间内的有效受众远超之前的任何时代。显然，现代人类传播史还从未见证这等大规模变革，即现代化传播资源为草民所掌握的先例。“民进”与“媒退”作为一种全新的传播存在本身及其对既有和未来传播存在的重新诠释是这里真正有意义的看点。有学者认为，在相当的意义上，这的确可以被视为一个属于“传民”的时代[③]。

由此，关于“媒介等同于大众传媒”的固有认知必然发生变化。约翰·埃里斯（John Ellis）曾早在移动互联技术与社交媒体普及之前的 2000 年，针对电视媒体发展中的困境提出，技术带来的“不确定性”正在对以秩序为目标的大众传媒时代制造颠覆：我们有必要把广播电视的发展分成“稀缺时代”（只有几个频道）、“实用时代”（观众看到的频道不断增加）和“大量的不确定的时代”（一个多频道播出

---

① 据 2020 年 9 月中国互联网络信息中心（CNNIC）发布的第 46 次《中国互联网络发展状况统计报告》。

② 齐格蒙特·鲍曼．流动的现代性．欧阳景根译．上海：上海三联书店：2002：12.

③ 黄成炬．媒介社会学向传播社会学的转变．载洪浚浩主编．传播学新趋势．北京：清华大学出版社 2014：331.

的环境，到处充满了遥控器、录制节目和分众化）[1]。广播电视的遭遇也映射了大部分传统媒介的经历，在受众获取信息的渠道、时间、空间被全面解构之后，媒介不再等同于“大众传媒”，更多关于媒介的重新定义正在进行中。告别了大众媒介机构为主导的媒介时代，媒介在概念的内涵和外延上都在发生变革，在与受众之间的关系上变得更加复杂。

### 1.1.2 传播秩序困境

秩序问题一直是社会学研究的元问题，是社会学研究的出发点和根本性归属。关于秩序的成因，哈耶克在《法、立法与自由》这一卷的前两章就着力阐述他在生命最后十几年里重点强调的秩序观念——概括而言，这种秩序既不是自然发生的，也不是人为设计的，而是人类行为的无意识结果[2]，可见行为与秩序之间的重要关系。鲍曼所理解的“秩序”是指单一性（monotony）、稳定性（regularity）、重复性（repetitiveness）和可预见性（predictability）；在一个情境中，某些事情比在其他情境中发生的可能性要大得多，而其他的事情更不可能发生，或者是根本不可能发生。有且只有在这种情况下，我们才能把这种情境称为是“有秩序的”[3]。然而他所阐释的流动现代性，“实际上是对有序生活的一种快乐拆解：永久的脱域和再嵌入”。[4] 劳埃德·斯宾塞（Lloyd Spencer）认为：“鲍曼的后现代伦理包括这一理念，即我们绝不试图消除模糊性，而是必须学会面对它，并忍受它。社会秩序正在面临瓦解，在不确定性中寻找新的单一、稳定、重复与可预见的趋势，就是‘秩序’所在。”[5]

对于传媒产业来说，“秩序”有着格外重要的意义。阿芒·马特

① John Ellis, Seeing Things: Television in an Age of Uncertainty. London: Tauris.2000: 2.
② 汪丁丁，行为经济学要义 [M]. 上海：上海人民出版社 2015：156.
③ 齐格蒙特·鲍曼．流动的现代性 [M]. 欧阳景根译．上海：上海三联书店 .2002：84.
④ Tony Blackshaw, Zygmunt Bauman, London: Routledge 2005; 93.
⑤ Lloyd Spencer, Postmodernism, Modernity, and the Tradition of Dissent, in The Routledge Companion to Postmodernism. London: Routledge2001: 164.

拉（Armand Mattelart）在总结全球传播的起源的历史时总结，尽管不同时代赋予传播不同的意义，但传播开始于理性理想的追求[①]。基特勒将人类传播媒介历史切割为两段：文字媒介阶段和技术媒介阶段。前者以语言编码为基础，后者则完全按照现代数学编码公式而运作。[②]然而随着个体传播权力的扩大，数学编码公式中起伏的曲线常常以难以编码的人性为变量出现失序。传媒的秩序决定着人与信息之间的关系，同样受技术的影响，传媒与工具和机器不同，工具和机器是我们用来提升劳动效率的器具，而技术的传媒是一种我们用来生产人工世界的装置，它开启了我们的新的经验和时间的方式，而没有这个装置，这个世界对我们来说是不可通达的[③]。

如同海德格尔所说，“技术的本质绝不是任何技术性的东西”。当下对于传播秩序重构的思索不得不回到“人”这一哲学层面，从德勒兹（Gilles Deleuze）和瓜塔里（Felix Guattari）的视角来看，我们正在从扎根于时空的“树居型”生物，变为“根居型”的游牧民，每日随意（随何人之意尚存疑问）漫游地球。因为有了通信卫星，我们连身体都无须移动一下，漫游范围便可超越地球。这种拆解时空秩序的个人游牧式媒介消费，正在影响和重塑媒介产业的秩序[④]，“万物皆媒”的实践困境正在极大地挑战传媒行业的既有价值。进而以产业为杠杆重构新一轮信息传播的秩序，乃至社会秩序。

---

① 阿芒·马特拉，朱振明译，全球传播起源，[M] 北京：清华大学出版社 2015：11.

② 基特勒．传播媒介史绪论 [J]. 文化研究，2013（13）：235-254.

③ 克莱默尔．传媒、计算机、实在性——真实表象和新传媒 [M]，孙和平译，北京：中国社会科学出版社，2008：7-8.

④ 赵晓红，安维复．网络社会：一种共享的交往模式 [J]. 自然辩证法研究，2003（10）：60-63+80.

# 02

# 媒介化社会与消失的“新媒体”

社会科学中对于“网络”这个词的滥用令人担心，这个诞生于技术科学领域的词汇远比我们理解的要复杂得多。

——拉图尔

“万物皆媒”的想象并非空穴来风。近年来，欧洲传播与文化研究学界正经历一轮“媒介化转向”（Turn of Mediatization）[①]。众多学者诸如施蒂格·夏瓦（Stig Hjavard）、克努特·隆比（Knut Lundby）、弗里德里希·克罗茨（Friedrich Krotz）、尼克·库尔德利（Nick Couldry）、安德烈亚斯·赫普（Andreas Hepp）、克劳斯·布鲁恩·延森（Klaus Bruhn Jensen）等，已经组建成了颇具规模的“媒介化研究团队”，试图重新锚定媒介与当代社会政治、文化、经济生活之间的关系。他们的研究主题无所不包——既有宏观方面的媒介化理论的构建，也有中观层面的社会机制的媒介化研究（诸如政治媒介化研究、宗教媒介化研究、游戏媒介化研究等），还有微观的针对交往、互动媒介化的考察[②]。

“媒介化”（Mediatization）意味着媒介与其他社会领域之间关系

① Friesen, N. & Hug, T., The Mediatic Turn: Exploring Concepts for Media Pedagogy. In Knut Lundby (ed.), Mediatization: Concepts, Changes, Consequences. New York: Peter Lang, 2009, pp. 63 - 84.

② 戴宇辰．媒介化研究：一种新的传播研究范式 [J]. 安徽大学学报（哲学社会科学版），2018，42（02）：147-156.

的结构性转型，也意味着不同社会角色之间社会交往和关系的变动模式，包括个人与组织、个人与媒介、社会与媒介关系的变革。它强调当下媒介与其他社会范畴相互建构的过程。媒介化包含着这样一种逻辑：作用于人类社会形态的媒介形式其意义远胜于其内容，媒介塑造的文化形态越来越社会现实化，甚至直接出现了媒介所造就的行动场域和社会场域。这为传播学提供了一种独特的社会阐释视角①。

### 1.2.1 媒介化社会

传统意义上，媒介或被视为影响文化与社会发展的事物，或被看作是个人和组织可以加以利用，从而实现不同用途和目的的手段。这一点从媒介与传播研究的两大不同传统便可以窥见一二。“效果范式”（effect-paradigm）试图将研究重点放在媒介对人做什么（what do media do to people），即特定的媒介传递的信息对社会中的人和群体产生的影响。文化研究取向的受众研究探讨“人们使用媒介做了什么”（what people do with media），这一研究范式认为，媒介受众即便称不上强大，但也是主动且有着决定权的。“媒介化”理论不同于上述两种传统。媒介渗透至当今文化和社会的各个面，以至于媒介也许不应再被视为与文化和社会机制相互分离的存在。在这种情况下，我们的研究任务应该是探究无处不在的媒介影响下，社会机制和文化进程的特性、功能和结构发生了哪些变化②。

“媒介化社会”的视角可以被划分为两种路径：其一可以被称为“制度化”的研究传统，即将媒介的形式视为一种“独立的制度化力量”，强调媒介作为社会现实框架的组成要件。制度视角致力于阐释特定情形下社会结构如何扮演社会交往的资源，以及社会结构如何通过能动性得以再生产和变化。其二是符号互动论的传统。它强调的是主体与传播工具的过程性互动，即媒介提供了新的传播手段，而这又

---

① 胡翼青，杨馨．媒介化社会理论的缘起：传播学视野中的“第二个芝加哥学派”[J]. 新闻大学，2017（06）：96-103+154.

② 施蒂格·夏瓦．文化与社会的媒介化 [M]. 刘君等译．上海：复旦大学出版社，2020：3-4.

为改变人类生活方式提供了新的可能性。它的基本逻辑是社会建构的传统，即人类可以使用媒介来改变社会的建构方式。媒介是人类社会的“物化”的技术装置，它包含行动者的习惯性交互反应。[①]而建构化路径下的媒介研究认为，媒介塑造的社会情境潜在的包含了诸种“行动的可能性”（action possibilities）。它们往往在客观上可以感知，与行动者识别的个人能力相关。因此，它们总是与特定的社会行动者（agents）挂钩，依赖于其认知效力。而在“社会建构传统”中，更加充分的参与和观察，对媒介使用者日常生活的民族志考察，对媒介使用意义的诠释和解读等研究方法可以更加翔实了解技术的私人使用与日常生活的媒介化之间的关系。[②]

目前几乎所有关于媒介化的定义都无法理清这些问题：在媒介技术弥散的社会之中，媒介技术是如何制度化地嵌入社会关系建构及个体日常生活互动的。社会关系和社会结构又是如何作用于媒介的形式与内容的等这些似乎都是有待说明的问题[③]。这也为媒介化社会的深入研究提出了方向。

## 1.2.2 媒介网络

重新审视关于“什么是媒介”这一问题，克莱·舍基（Clay Shirky）有一番立足受众立场的回答：媒体是社会的连接组织（connective tissue），受众是通过这些连接组织了解德黑兰发生了什么，中国的茶叶价格多少，了解朋友给孩子取了什么名字，何时何地参加朋友的生日聚会，以及搜索十米之外正在发生的事情……[④]看似简单的列举，囊括了两个重要的、有启发意义的转向：一是媒体是什么不

① 施蒂格·夏瓦，刘君，范伊馨．媒介化：社会变迁中媒介的角色 [J]. 山西大学学报（哲学社会科学），2015，38（05）：59-69.

② 戴宇辰．媒介化研究：一种新的传播研究范式 [J]. 安徽大学学报（哲学社会科学版），2018，42（02）：147-156.

③ 胡翼青，郭静．自律与他律：理解媒介化社会的第三条路径 [J]. 湖南师范大学社会科学学报，2019，48（06）：128-135.

④ 克莱·舍基．认知盈余：自由时间的力量 [M]. 胡泳，哈丽斯译．北京：中国人民大学出版社 2011.

再只由媒介机构来定义，而是由媒体使用者来界定。二是新闻信息、生活信息与社交信息正在被放在一起消费。

这一站在使用者视角上的概念界定，与社会学家约翰·B·汤普森（John B. Thompson）的媒介研究观念十分契合。他坚持：第一，非媒介中心主义的立场："我不认为，媒介是人们生活中最重要的事物；媒介研究存在一个问题，它常常把媒介当作生活中最重要的东西。相反，我的方法论基础是对日常行为和习惯的分析。"第二，非生产性的立场："我的方法论焦点不是媒介产品、界面和平台的生产，而是人们利用这些产出从事的任务。"近年来，普遍被欧洲研究界所接受的"新受众研究（new audience research）"，也有相似的取向——从内容产制过程中脱离出来，更关注受众和信息接受过程。方法上更依赖阐释民族志，而非量化统计、内容分析或文学批评。立场上倾向于将人口统计学变量所代表的社会结构性因素看成是有限而模糊的，专注于描述受众自身的日常生活、文化情境如何影响个体的媒介接受行为[①]。

信息交织的网络化传播，一度被统称为"新媒体"时代。而"新媒体"一词通常被粗暴等同于"互联网"，甚至等同于"网络"。

事实上，早在人类诞生之初，信息的传播本身就是网络式的。20世纪随着互联网的崛起，信息网络与技术网络的结合令基于互联网的信息传播成为主流方式。拉图尔（Bruno Latour）曾经批评说，社会科学中对于"网络"这个词的滥用令人担心，这个诞生于技术科学领域的词汇远比我们理解的要复杂得多。[②]约翰·厄里也对卡斯特（Manuel Castells）提出的"网络社会"有不同的意见，他评价说，在卡斯特的著作中，"世界已然是一个理所当然的事物，由此并没有一系列必要的理论词汇来分析"网络化"世界的变化特征[③]，换句话说，网络是个非常复杂的存在形态，这的确引发了现代社会的诸多复杂关系，但并

---

① 曹书乐，何威."新受众研究"的学术史坐标及受众理论的多维空间 [J]. 新闻与传播研究，2013（10）：21-33.

② Latour，B. On Recalling ANT，in J. Law and J. Hassard（eds），Actor Network Theory and After. Oxford：Blackwell.1999：

③ 约翰·厄里. 全球复杂性 [M]. 李冠福译. 北京：北京师范大学出版社 .2009：11.

非所有的复杂现象都能依靠引入“网络”概念来解决。

“网络”这一概念本身不足以加深我们对所谓“新媒介”时代的理解。“网络”在社会科学领域无疑是非常有用的，因为它既提供给我们了解人类彼此间联系和纽带的样貌及机会，又赋予我们机会以编制这些联系和纽带的相关数据。但是“网络”不应该被滥用，它应该隶属于那些有助于研究当代社会和文化中多种多样、错综复杂的事物的概念的一部分。这些概念包括了信息、交互界面、仿真、交互性和档案[①]。事实上，“网络”（network）一词，在最基本的意义上是指任何事物（对象）的集合，其中某些“事物对”之间由“连接（link）”关联起来，就是“网络”。[②]例如连接多条道路的“交通网络”，连接多处神经的“神经网络”，连接不同发电站和传输渠道的“电力网络”等。可以说现代社会中“网络”无处不在。

在媒体领域里，“网络”首先指向“信息网络”，由不同的信息传播渠道连接在一起的集合和系统。但信息系统中的“网络”指向并非单一，其本身存在着多维度的意义，并导向不同的话语体系。技术不断迭代所创造的“网络”概念是不断更新和扩展的。从最初的计算机之间的连接，到连接人与计算机，再到万物互联。因此，在技术层面上，网络概念的核心意义是“连接”。

社会学领域中的“网络”概念由来已久，在网络与社会相关联的概念中，网络也并非指向技术，更多的是指技术带来的社会关系、社会结构与社会秩序的新形态。当人们提到社会网络时，其“网络”不仅仅是技术的概念，更多的是人与人之间的联系。而寻找技术对于这一社会网络的改变、社会网络对于“无远弗届”技术的限制因素，成了网络传播学与社会学领域始终无法忽视的课题。

在哲学领域，“网络”这一概念也因此凝结成了观察社会的思维方式，上升为一个具有抽象概括能力的哲学范畴。从哲学意义上最

① 尼古拉斯·盖恩，戴维·比尔．新媒介：关键概念 [M]．刘君，周竞男译．上海：复旦大学出版社 2015：32.

② 大卫·伊斯利，乔恩·克莱因伯格．网络、群体与市场：揭示高度互联世界的行为原理与效用机制．李晓明、王卫红、杨韫利译，北京：清华大学出版社 2017：1.

早提出“网络”概念的，是马克思主义交往实践哲学逻辑范畴的合理延伸。

事实上，在本质跨界的传播研究领域，很多概念并不再需要被“重新定义”，而是需要“重新理解”，跳出原有思维框架的、无限接近规律本身的再度诠释。其中的问题、争议甚至社会问题都早在上一代更迭中有迹可循：雷蒙德·威廉姆斯（Raymond Williams）早在电视机诞生之初就将电视机称作“戏剧化社会中的戏剧（Drama in a Dramatized Society）”①。而尼尔·波兹曼（Neil Postman）这段针对电视机的经典批判，即便放在现在社交媒体的语境下也不过时：“……导致理性与秩序、逻辑的社会公众话语权不断瓦解甚至崩塌，导致一切公共话语以肤浅、碎片化、娱乐的方式出现。”

历史也验证了，每一代新媒体形式甫一出现，就会带来新一轮的对陌生载体的膜拜与批判。因此，对于这一媒介领域的变迁，海外学者达成了共识，即：避免网络研究中单纯的二元对立，如新媒体与旧媒体、现实与虚拟、线上与线下等现象和概念的对立。学者们须认识新旧之间具有的传承关系，现实与虚拟之间存在的辩证关系，以及线上与线下的互存关系②。因此，绝对意义上的“新媒体”指向并不合理、科学，甚至并不存在，社会的“媒介化”是一个更好的解释视角。

---

① Raymond Williams, “Drama in a Dramatized Society (1974)”, in Writing in Society, London: Verso, 1984, pp. 11-21.

② 刘新传，魏然.语境、演进、范式：网络研究的想象力[J].新闻大学，2018（03）：98-106+150.

# 03

# 媒体的“有界”与系统的“无界”

界限不仅确立方向，而且还提供安全感、解释上的确定性，以及世界的可理解性。

——齐美尔

在如此多维度、不确定频发的媒介化社会中，“媒介系统”这一概念随着信息科学技术的发展不断进入传播领域的研究视野。

事实上，早在2004年，丹尼尔·C·哈林（Hallin D. C. Mancini）就提出了“媒介系统”（media system）这一概念。他指出：新技术挑战着许多领域的界限——新闻、信息、娱乐和广告之间的边界，甚至国家之间的边界。这种新的传播系统正在对社会和政治产生全球化的、可比较的影响[①]。而后2013年，德维克（Andrew Chadwick）基于政治传播学视角，提出将媒介看作一个多维度的操作系统。因为数字媒体和社交媒体的相继加入了传统媒体的行列，形成为了一种“混合媒介系统（hybrid media system）”[②]。他认为借由互联网的连通性，媒介不再是一系列固定的“实体”，媒介是一种网络，是一个复杂系统。

① Hallin D. C. Mancini P.（2004）. Comparing media systems：Three models of media and politics. Cambridge，UK：Cambridge University Press.

② Chadwick，A.（2013）. The Hybrid Media System. Politics and Power. New York：Oxford University Press. pp.3.

系统是由组件之间的关系构成的，混合媒介系统既有如包括记者和新闻机构等传统媒体主体，也包括那些试图影响其他人信息源的人。同时系统也倾向于有调节机制，使其处于相对停滞状态，以及“固有的复杂性、不稳定性和混乱”的混合，这种波动是系统变化的产物。

目前明确运用媒介系统概念发表的重要研究，大都集中在政治传播学领域，尤其是针对2016年美国大选的两个研究：其一是媒介系统概念探索基于社交媒体的公众活动如何扩大对特定人物或信息的关注，研究识别出构成特朗普Twitter粉丝的关键公众，并推演特定公众如何以不同方式放大他的社交媒体存在[①]。其二是于2020年4月发表的、正式使用媒介系统方法（a media system approach）的研究，研究探讨了在2015—2016年美国总统初选期间“民粹主义者如何使用各种类型的媒体，又是如何被这些媒体所影响”这一国际社会感兴趣的问题。[②]研究者打破传统的媒体之间的分类，从政治倾向上将包括传统主流媒体和社交媒体在内的所有“混合媒介系统”分为不同政治倾向的六个类别。研究结果表明，以转发为形式的社交媒体活动极大地促进了某类新闻媒体对特朗普的报道，这也侧面证明，特朗普在获得较少新闻关注时战略性地选用Twitter来引发报道的竞选策略。这一理论同样被应用到例如意大利大选[③]、德国大选[④]、丹麦大选[⑤]等类似的政治传播研究中，并体现出了一定的理论解释力。

① Yini High-ris Wells, Song Wang & Karl Rohe.（2018）.Attention and amplification in the hybrid media system：The composition and activity of Donald Trump’s Twitter following during the 2016 presidential election. New Media & Society（9）.

② Wells, C., Shah, D., Lukito, J., Pelled, A., Pevehouse, J., Yang, J., & Gil de Zúñiga, H.（2020）. Trump, Twitter, and news media responsiveness：A media systems approach. New Media & Society, 22（4）, 659-682.

③ Marchetti, R., & Ceccobelli, D.（2016）. Twitter and Television in a Hybrid Media System：The 2013 Italian election campaign. Journalism Practice, 10（5）, 626-644.

④ Pyrhönen, N., & Bauvois, G.（2019）. Conspiracies beyond Fake News. Produsing Reinformation on Presidential Elections in the Transnational Hybrid Media System. Sociological Inquiry, Sociological Inquiry, 10/30/2019.

⑤ Blach-Ørsten, M., Eberholst, M., & Burkal, R.（2017）. From hybrid media system to hybrid-media politicians：Danish politicians and their cross-media presence in the 2015 national election campaign. Journal of Information Technology & Politics：Social Media Campaigning in Europe：Mapping the Terrain, 14（4）, 334-347.

## 1.3.1 系统思维下的信息传播

回溯媒介系统的本源，这一思维带来的影响应远不仅在于政治传播领域。当下网络化传播的本质就是一个复杂系统。随着互联网技术对社会影响的日益深入，社会学家视阈内的“网络”概念也有了新的指涉。社会学家在互联网普及之后创造了众多审视新社会形态的社会学概念：在社会行动上“去序列化”，在个人时间和事务排列上“持续分心”，在人际关系上“永久在线”等。因此，系统思维的创造者德内拉·梅多斯（Donella H. Meadows）关于“系统思维”的告诫，对变革之后的媒介研究显得十分有启发意义：1）不要被表象所迷惑。2）在非线性的世界里不要用线性的思维模式。3）恰当地划定系统的边界。4）考虑多重限制因素以及相对强弱。5）理解无处不在的时间延迟。6）清晰地意识到“有限理性”[①]。

“非线性”与“边界”的复杂性思维对宏观媒介系统的认知意义重大，而“有限理性”又决定了个人对媒介系统认知的局限。在更广泛的媒介使用研究中，系统思维都将会是一个底层逻辑。

莱文森认为，媒介以达尔文进化论的方式演进，人类创造媒介而且选择媒介。社会选择媒介的标准有两条：一是，我们想要凭借媒介来拓展传播，以求超越耳闻目睹的生物学局限。二是，人类在早期的延伸中，可能已经失去了某些生物学传播成分，我们想要重新捕捉住这些昔日的传播成分。然而，拜个体化消费模式所赐，媒介的社会选择机制正在被个人选择机制所左右。如同詹姆斯·韦伯斯特（James G. Webster）所说，当下的媒介使用模式并没有单一集中到任何一个理论框架中，个人因素与媒介结构因素共同作用，来左右和制约媒介使用的现状[②]。媒介渠道不再有清晰的边界，这一“边界”正在由宏观媒介系统和个人媒介系统共同界定。与曾经的大众传播时代的“框架

① 德内拉·梅多斯．系统之美——决策者的系统思考 [M]. 邱昭良译．杭州：浙江人民出版社 2012：11.

② 詹姆斯·韦伯斯特．注意力市场：如何吸引数字时代的受众 [M]. 郭石磊译．北京：中国人民大学出版社 2017：17.

理论”相反的是，个人正在被授权，通过挑选媒介渠道不断建立个人的框架。

有学者倡导对信息系统的研究“以个人信息世界分化作为逻辑起点”[①]，提出区别于信息社会的“个人信息世界”概念，并认为，“个人空间、时间、智识三个边界限定的信息主体活动领域。在这里，信息主体通过其信息实践从物理世界、客观知识世界、主观精神世界的信息源中获取信息，汲取信息效用，积累信息资产”。

## 1.3.2 个体化的信息系统

随着“信息加工学说”的引入，研究界不断将传播行为的驱动力量指向互联网的认知架构，进而出现了一种以认知勾连传播结构与行为的研究路径。于是，在此前相当长的大众传播研究时期内，研究者坚信大众媒体通过信息选择与排列的“框架”效应，赋予了受众观念上的影响，然而随着受众主体地位的空前提升，个体正在通过重新组织“个人信息系统”来解构“社会信息系统”所赋予的框架，这一对话基础的转变决定了传播学研究也必然面临着立场上的再次变革。

一个不可忽视的事实是，如今的信息传播早已不再由传统的大众传媒机构及分发系统所主宰，且由于ICT技术与社交媒体的共同作用，信息传播本身呈现“网络化”特征。网络结构本身，必将带来“复杂性”，作为一个大型的、由各种关联成分构成的总体，以一种难以预知的方式，反作用于中央权威[②]。麦克卢汉50年前提出的“延伸观”仍然是建立在大众媒介系统作为社会基础信息系统之上的论述——随着媒体技术的不断演进，人类感官不断被延伸，集体拓展着“所能”的边界，能“在场”，能“实时”，能“监视”，能无远弗届。

这种“延伸”的想象是基于全人类的，对技术赋予人类集体能力

---

① 于良芝．“个人信息世界”——一个信息不平等概念的发现及阐释 [J]. 中国图书馆学报，2013，39（01）：4-12.

② 大卫·伊斯利、乔恩·克莱因伯格．网络、群体与市场 [M]. 李晓明等译，北京：清华大学出版社 2017：1．

展开的讨论。大众媒介之“大众”，其要义也在于此。但当社会信息的输入源不再只是统一出版的各种报纸、按时播放的新闻、集体收视的节目、选择有限的文章，不再以线性化、结构化存在，而是统一被人手一只、时刻在线的智能终端所彻底“解构”之后，站在受众立场上，那个作为信息输入渠道的“媒介”，其吸引力早已不再是集体的无远弗届，而是个人的随心所欲，不再是集体的“所能”，而是个人的“我能”。

被誉为传播学奠基人之一的香农（Claude E. Shannon）是“信息论”的提出者，他认为“信息是用来消除随机不确定性的东西”。与此同时，“香农将信息论限于工程传播，并告诫科学界防止将之过于广泛地运用于所有类型的人类传播。然而传播学者们没有给予太多注意。”[①]。同为传播学奠基人之一的霍夫兰（Carl Hovland）所提出的“个人差异论”其实早已阐述了受众的“选择性和注意性”理解。该理论认为，在大众传播提供的信息面前，个人由于需要、习惯、信念、价值观、态度、技能等多方面因素的差异将对信息做出不同的选择和理解。如果说在大众传播时代，在相对局限的内容中“个人差异”主要体现为对统一的大众媒体上信息的理解不同。那么在信息技术与移动互联技术所共同促成的海量信息与个体化消费的当下，更多的“个人差异”则指向“选择”，每个人的个人媒介选择本身都存在巨大的差异。

媒介系统的整体变迁，从有限输入源、有限时空选择、有限内容，到无限渠道、无时无刻、无限内容，加之个体化框架的内置，成就了一个纯粹的复杂系统，是传统线性传播的大众媒介研究工具所无法解释的。

### 1.3.3 自由的代价

拉什在撰写《信息批判》时说：“互联网是一个通属的空间，它

① 罗杰斯．传播学史——一种传记式的方法 [M]. 上海：上海译文出版社 .2012：337.

是不特定的空间……网络本质上就是被拔出来的空间。”在他看来，这种通属空间是被“拔”了根的，它的特性是“身份认同的阙如而非身份认同的多重”，它的语境是“没有任何语境”，它的差异是“没有任何差异”①。从技术上讲的确如此，互联网绝对平行的基本属性加上技术的飞速发展，使得互联网的个人空间与社会空间都可谓“无界”，但作为生产和消费主体的机构与个人，其生产和消费能力存在着天然的边界。

哲学家、社会学家齐美尔（Georg Simmel）认为：事实上，人方方面面的存在，时时刻刻的行为，都处在两个界限之间，这一点决定了人在世上的定位。……上线之间的界限就是我们所处世界的无限空间而确立方向的手段。若是没有界限，为从事理解的主体行动者寻觅并确立位置，人类相对于事物就会变得渺小。界限不仅确立方向，而且还提供安全感，解释上的确定性，以及世界的可理解性。② 但按照海德格尔的说法，“技术之所是包含对器具、仪器和机械的制作和利用，包含这种被制作和被利用的东西本身，包含技术为之效力的各种需要和目的。”海德格尔提出，技术就是筑居。之所以这么说，只是因为技术促成了一种筑居的方式，使得人们真正有可能在世生存③。

当下传统媒体与所谓新媒体的根本区别，在于“有界”与“无界”。传统媒体的“有界”在于信息的有始有终，有显著的消费结束的边界，如收看一档节目，看完一本杂志，从开始到结束，有种完结的仪式感和确定感。而拜无远弗届的技术所赐，新媒体的“无界”体现在永无休止的超链接、随时更新的内容，不断延伸至更多信息之上。只要消费者想继续了解，总会有更多的内容不断延展，没有所谓终结。因此，传统媒体是给定边界的，而新媒体消费的边界取决于消费者的精力、时间、兴趣的自我配置。也因此，新媒体发展的一大结

① 斯科特·拉什．信息批判 [M]. 杨德睿，译．北京：北京大学出版社，2009.

② 基思·特斯特（Keith Tester）．李康译，后现代性下的生命与多重时间，上海文艺出版社 2020：8.

③ 基思·特斯特（Keith Tester）．李康译，后现代性下的生命与多重时间，上海文艺出版社 2020：127.

果就是消费者对于信息丰富的焦虑，对于冗余信息的不确定，对未知内容的恐惧及对延伸内容的茫然。

独立杂志在近年来的回潮似乎可以说明在全面拥抱数字化之后，人们对传统媒体的触感、质感、完结感的某种回味。在独立杂志《Monster Children》的一期内容里，“数字原住民”沃恩·布莱基（Vaughan Blakey）的话，或许可以代表部分人对数字生活的厌倦：“当我拍了一张照片，我想把它打印出来。当我读一本书，我希望折下书页，翻到卷角。当我买一本杂志，我希望拿着一本可以跟我一起变老的东西。总之我希望得到一份可触摸的证据，证明我的时间存在过……”

无界的确给了信息消费者空前的自由，但也必须承担自由的后果。如同鲍曼所说，自由的代价就是失序。在无边无际的信息海洋中遨游的同时，消费者也常常对于信息的真实性、可信性、重要性不断反思和质疑，对于所消费信息在信息海洋中的位置缺乏判断，甚至对视野之外的世界充满不安。

遗憾的是系统很少有真正的边界。所谓边界，只是人为的区分，是人们出于观察、思考、理解、表达交流等方面的需要，而在心理上设定的或社会上一般公认的虚拟边界。系统最大的复杂性也确实出现于边界上。恰恰是边界上的无序、混杂，成了多样化和创造力的根源所在。而这也决定了网络新媒体研究与传统媒体研究的根本区别之一。在更为复杂庞大的系统内，研究者需要首先建立这样的观念：世界是普遍联系的，不存在孤立的系统。如何划分系统的边界，取决于你的分析目的，也就是我们想问的问题[①]。

① 德内拉·梅多斯.系统之美：决策者的系统思考[M].邱昭良译.杭州：浙江人民出版.2012：133-136.

# 第2章

# 传播中的“人”

传播之中的人，不再是被动的接收者，而是积极主动的建构者，“自治”与“碎片化”不足以描述新受众的全部行为特质。传播中的人正在成为网民集体的代名词，当关于人的讨论范围无限接近于整体，关于人的理论也将无限接近于哲学，重新定义人与媒体之间的界线和关系迫在眉睫。

# 01

## 回到“人”的革命

“大部分的传播研究皆致力于调查这样的问题：媒介对人们做了什么，而如果将研究的问题转换成：人们用媒介做了什么，整个传播研究的面貌就会改观。”

——卡茨

回到“人”与重拾“结构与行动”的理论路径转换近年来正在社会科学领域陆续展开。有学者归纳这场思想革命的特点：一方面，学者们开始从多个角度清晰地意识到，人们的行动是被结构限定的。这在戈夫曼（Erving Goffman）那里叫“框架”，在布尔迪厄（Pierre Bourdieu）那里叫作“场域”，在福柯（Michel Foucault）那里叫“机制”，在德•塞托（Michelde Certeau）那里叫“空间”，在德波（Guy Ernest Dobord）那里叫“景观”。学者们发现公共权力通过结构设计与技术发明，试图宰制和支配人们生活的时空。这在福柯那里被叫作“规训”，在戈夫曼那里被称为“前台的表演”，在布尔迪厄那里被叫作“惯习”，在霍尔（Stuart Hall）那里叫作“编码”。另一方面，学者们开始意识到在人们的行动有他们自己的一套逻辑。在戈夫曼那里叫作“后台”，在德•塞托那里叫作“弱者的战术”，在赫伊津哈（Johan Huizinga）和斯蒂芬森（William Stephenson）那里叫“游戏”，在霍尔那里叫作“解码”，在德波那里叫作“飘移、异轨和构境”①。

在新闻传播研究领域中，在伊莱休·卡茨（Elihu Katz）的“使用与满足”理论诞生之前，传播理论界一度在“媒介中心主义”的立场上走入“瓶颈”。卡茨对传播学理论的重要变革在于，他从研究的根本立场上做了在当时的背景下极具启发意义重大转向：“大部分的传播研究皆致力于调查这样的问题——媒介对人们做了什么，而如果将研究的问题转换成——人们用媒介做了什么，整个传播研究的面貌就会改观”②。

麦克卢汉“媒介是人体的延伸”的理论，更是彻底将研究立场转换为“人”本身。他认为：“拼音文字、印刷品是眼睛的延伸，广播是耳朵和嘴巴的延伸，电视则是中枢神经系统的延伸”。③而霍尔更是在麦克卢汉之前就将“人体延伸”赋予了广义上的人造工具意义。“书籍使人的声音跨越时空。货币是延伸和储备劳动的方式。运输系统现在做的是过去用腿脚和腰背完成的事情。实际上，一切人造的东西都可以当作是过去用身体或身体的一部分所行使的功能的延伸”④。

麦克卢汉对霍尔的发展在于，他关照了大众媒介的信息属性而不仅是工具，他将“人的延伸”内涵做了从具体感官到中枢神经的全面阐释。这一理论之所以在近年来被重新讨论，也正因为这一延伸观，正在媒介技术发展中得到印证。从纸张载体、信号载体到遥控器、鼠标键盘、触屏，到不断崛起的人脸识别、语音交互，乃至眼动追踪、脑电控制，再至 AR、VR、MR 等技术为表现的虚拟现实技术，“人”正在逐步进入一个多维构造的、甚至脱离物理原理的世界。

一方面，大数据与算法技术使结构中的人可量化、可计算。另一

① 胡翼青，杨馨．媒介化社会理论的缘起：传播学视野中的“第二个芝加哥学派”[J]. 新闻大学，2017（06）：96-103+154

② Katz，E. “Mass Communication Research and the Study of Popular Culture”. Studies in Public Communication，1959，2. pp.1-6.

③ 马歇尔·麦克卢汉．理解媒介：论人的延伸 [M]. 何道宽译．北京：商务印刷馆，2000：22.

④ 埃里克·麦克卢汉，弗兰克·秦格龙．麦克卢汉精华 .[M]. 何道宽译．南京大学出版社 2000：118-119.

方面，媒介化转向不断取得共识。因此，以上这些理论视角的阐释力变得前所未有的强大。深入研究“媒介化之中的人”成为新闻传播学从更广阔的社会科学领域汲取养分的重要研究取向。

传统受众研究的资深学者丹尼斯·麦奎尔（Denis McQuail）认为，受众（audience）一直是传播与媒介研究的基础议题，同时也是社会环境和特定媒介供应方式的产物——电影的发明和影院放映方式的出现，创造了第一个真正意义上的大众受众[①]。在经历了大众传播式微新型传播方式兴起之后，“受众”一词是否适用，一直有不同的声音：有学者认为，“受众”一词已经过时了，之前被称作受众的人，是那些以离子模式广泛分布在单向媒介系统的接收端的人，他们各不相干地聆听着那些进入门槛很高的、只有几个公司竞争的发言系统的声音，而这种状态早已经不复存在[②]。同时期的学者也有人认为，受众的概念不会过时，“只要有媒体的存在，就会有受众与媒介之间的划分。真正的根本问题是，受众本质是否发生了变化，以及是什么样的环境因素导致了这种变化”[③]。

受众研究向来是历史性的课题，与社会变迁息息相关。受众研究史上先后经历了：传播学的强效果“魔弹论”到弱效果“有限效果论”再到强效果“宏观效果理论”，经历了从政治经济学的“受众商品论”到人类学的“受众权力说”，经历了社会学的“被动观众”到“积极观众”，经历了从认知心理学的“使用满足论”再到接受美学的“受众期待论”[④]。作为一个涉及多学科领域的研究领域，受众研究呈现出众多不同学科研究者们基于不同学科视角的不断讨论、呈现各异的受众学说。

麦奎尔认为：“早期受众研究一直被覆蔽在一个信息（message）

① 丹尼斯·麦奎尔．受众分析 [M]. 刘燕南等译．北京：中国人民大学出版社 2006：2.

② Rosen，Jay. After word：The People Formerly Known as the Audience. In Participation and Media Production. Critical Reflections on Concept Creation，eds. Nico Carpentier and Benjamin De Cleen. Cambridge：Cambridge Scholar Publishing.2008：163-165.

③ Gassner，P.（2007）. The end of the audience：How the nature of audiences changed. Global Media Journal - African Edition，1（1），120-129.

④ 隋岩．受众观的历史演变与跨学科研究 [J]. 新闻与传播研究，2015，22（08）：51-67+127.

传输线性过程模式的阴影里。……与线性传播模式相应的受众观是。最好在实验室里研究受众（如果这是可行的话），对那些不相关的（irrelevant）方面应不予考虑。"[①]然而在后大众时代的今天，个人因素成为受众消费不同信息的重要决定因素，仍然在实验室里寻找外媒受众，并用大众传播的逻辑来解释当代受众缺乏理论上的阐释力。"霍夫兰、拉扎斯菲尔德在特定社会语境下的理论对我们理解当代传播现象意义不大。"[②]因此移动互联时代进化的受众行为模式需要全新的受众观。

而媒介的受众观念始终与政治、经济环境和社会发展因素息息相关。当政治控制占据主导地位时，媒介的受众观念是"宣传型"的；经济控制占据主导地位时，媒介的受众观念是"市场型"的，这时的受众其实都是被物化了[③]。麦奎尔把这两种类型的受众观合称为"支配模式"。他认为，政论与广告都是劝服性信息，这两种受众观仍然将受众放置在被劝服的对象上，因此媒介在这两种模式下真正关心的都是媒介机构的利益和需求，而不是受众的真实需求。在当下受众拥有更多话语权的媒介状态下，这样仍旧固守以媒介为出发点的受众观亟须革新。

诞生于电视全盛时代的"积极受众论"距今已有30多年，它在移动互联网时代是否仍然具有解释力引起了学术界的持续探讨。研究表明，互联网的使用状态跟电视有很多相似之处，并且已经成为人们每天按部就班、漫不经心的行为之一，戴维·莫利（David Morley）基于家庭电视收视语境的受众研究在新媒介语境下仍然有着极强的适应性[④]。有学者在对"积极受众论"的解读中则指出，莫利并没有回答受众为何拥有积极性以及如何保持积极性的问题，"在面对话语生

① 丹尼斯·麦奎尔．受众分析 [M]. 刘燕南等译．北京：中国人民大学出版社 2016：109.

② 胡翼青．大众传播受众观的形成与转变——基于电影的媒介观念史研究 [J]. 山西大学学报（哲学社会科学版）》，2015，38（5）：70-76.

③ 丹尼斯·麦奎尔．受众分析 [M]. 刘燕南等译．北京：中国人民大学出版社 2016：38.

④ Kendall L（1999），Recontextualizing cyberspace：Methodological considerations for on-line research. In S. Jones Ed. Doing Internet Research：Critical issues and methods for Examining the Net. London：Sage.

产、关联个体意识形态的同时，还需要完成一个社会本体论的受众概念”[①]。牛津大学学者索尼娅·里维斯通（Sonia Livingstone）认为“积极受众”的理论已经不足以解释目前复杂传播环境下的受众，她主张回归戈夫曼的框架理论，了解如今的“积极受众”具备怎样的特点，他们是如何参与到传播中来的[②]。更有学者建议，阅听人（受众）研究若改聚焦于阅听人接收后的实践上，是有助于解决“积极受众”研究传统忽视接收脉络背后的结构性因素之弊病，也不会落入忽视受众能动性的文化帝国主义视角，以实践理论的结构化特性可兼容并蓄此传播研究裂隙[③]。

---

① 金惠敏.走向社会本体论——试论戴维·莫利的积极受众论[J].汉语言文学，2013（3）：80-90.

② Sonia Livingstone（2015），Active Audiences? The Debate Progresses but Is Far from Resolved. Communication Theory，vol. 25，no.4，2015，439-446.

③ 王宜燕.阅听人研究时间转向理论初探.《新闻学研究》2012年秋季（总第113期），39-75.

# 02

# 流动的受众

在人类的各种知识中，最不完备的就是关于“人”的知识。

——卢梭

事实上，在受众研究领域，大众（mass）与受众（audience）并非天然一体，而是属于不同的话语范畴，“大众”存在于社会学话语体系之中，“受众”属于传播学话语体系[1]。“大众”与“受众”两个词的结合，是历史和社会发展的特定产物。目前学术界也逐渐认同大众受众时代的逝去，无异质、无差别的“大众”概念已经无法再用来描述当代受众。在个体化的极致发展过程中，甚至任何一个继续将受众看作整齐划一概念的视角，都是与时代趋势相违背的。用哲学家赫伯特·马尔库塞（Herbert Marcuse）的话说，大众受众的形成是控制与同质化过程的一个组成部分，而控制和同质化导致了单向度的社会和单维度的人[2]。

那么，大众时代之后的媒介受众到底应该如何描述。近年来国内学者们做了很多概念上的尝试。夏德元将新受众概括“电子媒介

① 丹尼斯·麦奎尔．刘燕南等译，受众分析 [M].. 北京：中国人民大学出版社 2016：160.
② 赫伯特·马尔库塞．刘继译，单向度的人——发达工业社会意识形态研究 [M]. 上海：上海译文出版社 2006：1.

人[①]”，称他们是“手持大把电子媒介、随时发布信息并被众多电子媒介信息所浸没、成为媒介化社会电子网络节点的新人类”。何威提出“网众”的概念，用以概括全部网络化用户的集合[②]。李沁用“沉浸人”和“泛众”来解释新传播环境中的人，并提出在沉浸传播中，“人是终极媒介，是真正的超媒介，也是未来生物媒介的主体”[③]。曹家荣则将定义受众的视角扩展至科技哲学的“后人类”视域之中，将人定义为每一段“人－科技物－世界”关系之中的“混杂主体”[④]。不断涌现的关于新受众的探讨之多，足以证明受众层面的变革给整个研究界带来的重大影响。

受众不只是技术的产物，也是社会生活的产物。受众的形成一直受到各种社会因素的影响。正是这些社会因素而不是媒介，将决定我们能否在一个原子化的、疏离的世界中找到我们自己。同样，能否进入一个互动的乌托邦（interactive utopia），既取决于技术提供的可能性，亦取决于社会因素的影响。[⑤]

德国学者施罗德（Kim Christian Schrøder）在论述新闻消费的现状时总结：极端丰富的信息和多元化的平台，使得新闻消费者可以自由挑选新闻，并在挑选中形成在不同媒介平台和新闻机构之间的“波动性（fluctuating）”[⑥]。雷蒙·威廉姆斯（Raymond Williams）早在 20 世纪 70 年代也曾经提出过“移动的私人化（mobile privatization）”设想。他认为“移动的私人化”为人们提供了双重满足，一方面人们可以待在家里，待在他们熟悉的安全区域；另一方面他们可以在虚拟中去到以往人们不曾想象过的地方旅行[⑦]。他的设想显然已经成为现实。

① 夏德元．数字时代电子媒介人的崛起与出版新视界 [J]. 学术月刊 .2009（9）：21-27.

② 何威．网众与网众传播——关于一种传播理论新视角的探讨 [J]，新闻与传播研究，2010（5），47-54.

③ 李沁．沉浸传播的形态特征研究 [J]. 现代传播 .2013（2），116-119.

④ 曹家荣．混杂主体：科技哲学中的“后人类”[J]. 政治与社会哲学评论，2016（6）：37-49.

⑤ 丹尼斯·麦奎尔．刘燕南等译，受众分析 [M].. 北京：中国人民大学出版社 2016：1.

⑥ Kim Christian Schrøder（2015），News Media Old and New：Fluctuating audiences，news repertoires and locations of consumption ，Journalism Studies，2015，Vol. 16，No. 1，60-78.

⑦ 雷蒙·威廉姆斯．冯健三译．电视：科技与文化形式 [M]. 台北：远流出版事业股份有限公司 1974：4.

无论是波动、流动还是移动，其同质的部分是社会学上的“流动”概念，并非单纯指技术带来的“可移动通信”。

“流动性”被认为是现代社会的一个重要特征。近年来约翰·厄里（John Urry）、齐格蒙特·鲍曼（Zygmunt Bauman）、乌尔里希·贝克（Ulrich Beck）和曼纽尔·卡斯特（Manuel Castells）等当代著名学者的著作里都分别对“流动性”的丰富内涵做了详细的阐述。其中鲍曼更是把“流动的现代性”看作是人类历史上比资本主义和现代性本身的来临更为激进、影响更为深远的一次变革。鲍曼把“时空压缩”定义为“流动的现代性”形成的主要原因[①]。他还论断“液化”的力量已经从“制度”转移到了“社会”，从政治转移到了“生活政治”——或者说，已经从社会共处（social cohabitation）的宏观层次转移到了微观层次[②]。

同样地，人类学家汉森·艾伦（Hanson F. Allen）也曾指出，人与技术相结合的“新主体”既是具体实在，也是变动不定的。他将这样的状态称为“能动的流动性”（fluidity of agency）[③]。当下受众研究不得不认清这样的现实：与任何技术相结合的消费主体，在形态上是移动的，在心理上更准确的说是“流动的”（liquid）。

**表 2–1 流动与移动的内涵区别**

| | 范畴 | 特性 |
|---|---|---|
| 移动（mobile） | 技术、形态 | 物理位置的不断变化 |
| 流动（liquid） | 社会、心理 | 不确定性、变动性、无边界性 |

鲍曼在明晰“流动现代性”的本质时说，当今的现代性是轻快的、流动的、网络状的现代性，而此前的现代性是沉重的、固态的、系统性的现代性[④]。他挑选了 1）解放；2）个体性；3）时间 / 空间；4）劳动；

---

① 陶日贵 . 鲍曼“流动的现代性”思想研究 [D]. 华南师范大学，2007.

② 齐格蒙特 · 鲍曼 . 流动的现代性 [M]. 欧阳景根译 . 上海：上海三联书店 .2002：6.

③ Hanson F A，Ghasarian C，Hakken D（2004），et al. The New Superorganic. *Current Anthropology*，2004，45（4）：467-482.

④ 齐格蒙特 · 鲍曼 . 流动的现代性 [M]. 欧阳景根译 . 上海：上海三联书店 .2002：37-38.

5）共同体这五个概念，来探讨“流动现代性”的框架性论题。

其中，鲍曼所讨论的“解放”，“是指开始感觉到运动或行动的自由”。他所指的“自由”，又分为“主观”自由和“客观”自由，要让人们体验到对“客观”自由的渴望，并“为客观自由而奋斗”[1]。在对“个体性”探讨中，鲍曼表现出乐观的精神，他认为在流动的现代性世界中，人们是“生活在一个充满机会的世界，是一件激动人心的事情。在这样一个世界中，几乎没有什么东西是事先决定了的，甚至于更没有什么事情不可改变”[2]。“时间 / 空间”也是现代性发展中一个重要的概念，鲍曼在《全球化》一书中讨论过时 / 空压缩的问题，在新的语境下从讨论“时间 / 空间”中引出了“沉重的现代性”和“轻快的现代性”的概念。对“劳动”和“共同体”，鲍曼也进行了令人耳目一新的诠释：比如，“衣帽间式的共同体”就十分让人玩味。鲍曼的流动的现代性标志着他在学术思想上一次重要的转折[3]。

因此，如果以流动现代性的讨论框架为基础，上述五个概念可以对应从“主体—行为—关系”三个维度，从而对当下受众的媒介行为做出更具有社会学视角的解释。

**表 2–2　对流动现代性五个维度的解构**

<table>
<tr><td>解放</td><td rowspan="2">主体</td></tr>
<tr><td>个体性</td></tr>
<tr><td>时间 / 空间</td><td rowspan="2">行为</td></tr>
<tr><td>劳动</td></tr>
<tr><td>共同体</td><td>关系</td></tr>
</table>

## 2.2.1 主体身份上的流动：个体化与解放

新受众的身份应该是什么？麦奎尔认为，传统的受众角色将会终

① 齐格蒙特·鲍曼．流动的现代性 [M]. 欧阳景根译．上海：上海三联书店 .2002：25.
② 齐格蒙特·鲍曼．流动的现代性 [M]. 欧阳景根译．上海：上海三联书店 .2002：9.
③ 朱永良．鲍曼的后现代性及其向流动的现代性之嬗变 [J]. 理论探讨，2015（06），166-169.

止，取而代之的将是下列各种角色中的任何一个。搜寻者（seeker）、咨询者（consultant）、浏览者（browser）、反馈者（respondent）、对话者（interlocutor）、交谈者（conversationalist）——“显然在大众受众兴起长达一个世纪之后，这样一种变化也许确实堪称革命”①。

将这些角色的本质更扩大化的，在于受众的“永久在线”的链接“解放”。麻省理工学院心理学院教授雪莉·特克尔（Sherry Turkle）认为今天人们已经成了“连接的自我”（the tethered self），意即总是在我的手机上（on my cell）、在线上（online）、在网络上（on the Web）、在即时信息上（on instant messaging）②。更有学者把“永久在线”（Permanently Online）看作是媒介环境的最大变革③。

“永久在线”意味着，信息可以无障碍直达用户入口。与此同时，什么样的信息被选择和消费，权力发生移交，信息生产者动用各种技术无限迎合受众的需求，但是真正操作点击、转发按钮的手仍然受个体思维的控制。

受众可以在无限的信息海洋里自由选择，同时也失去了大众媒介时代的编排之后的“秩序”。受众在“连接一切”的兴奋过后，更多的是对秩序的自我安排，在社交账号“关注与屏蔽”的行为里分配注意力；在自媒体的“置顶”功能里调整信息渠道的优先级别；在付费专栏里为更为权威、更想了解的内容用直接付费的方式给予更多的支持和依赖……受众正在“编辑”自己的信息流，在无限的信息中配置有限的精力，并寻求一定的秩序。正如列维·施特劳斯（Claude Levi-Strauss）所说，只有“创造秩序”的人才具有主体性。事实上，并不存在超越性的“新身份”，受众是在不同身份之间自由切换以不断寻找新的主体感，同时具备多重身份、随时在线的“超级个体”，是人与终端的结合，是不断在信息中寻求秩序的媒介消费者。

① 丹尼斯·麦奎尔．刘燕南等译，受众分析[M]．北京：中国人民大学出版社 2016：60.

② Sherry Turkle. Alone together：Why We Expect More from Technology and Less from Each Other[M]，New York：Basic Books，2011：121-137.

③ Peter Vorderer，Matthias Kohring，Permanently Online：A Challenge for Media and Communication Research[J]，International Journal of Communication，vol. 7，no.1，2013，188-196.

## 2.2.2 时间与空间上流动：跨屏消费

移动互联时代受众不仅仅在时间和空间上掌握主动权，更在多屏终端上自由流动和啮合消费。

关于多媒体共生，以及跨屏媒体接触的研究近年来非常丰富。边看电视边更新社交媒体以及类似的多媒体同时使用行为，被称为媒体啮合（media meshing）。2014 年，谷歌公司联合市场调查公司 Ipsos 和 Sterling Brands 对美国媒介消费者的消费行为做出过大规模调查，发现普通民众 90% 的时间属于跨屏消费，他们可能在社交媒体上发现一部电影，在 iPad 上搜索出来观看了前半部，之后回到家里在只能电视上看完；可能在通勤路上在手机购物端收藏好心仪的商品，在恰当的时候再在 PC 端下单，又或者与朋友在共同观看一个电视直播节目，同时拿着手机在社交媒体上对节目的细节不断评论和吐槽……

如同鲍曼所总结，时空压缩是流动的现代性诞生的根本原因。时空压缩体现在媒介上，不止是麦克卢汉的地球村，不止是伊尼斯的时空偏向，而是多屏联动的啮合消费所自动选择的时空差距，所互相弥补着时空的偏向。这种自主安排时空的能力和行为，正在制造新一个维度上的流动。

因此，一直被媒介产业谈之色变的“碎片化”和“自治”，其根源都是时空流动后的利基化使用。从垄断时空一次性攫取大多数受众的注意力，到从利基时空的消费中获得精准注意力的累积，这种消费价值单位上的巨变，某种意义上说是产业变革的起点。

这一视角更有启发意义的在于，受众个体自由所带来的多样性，开辟了除了大众传播之外的媒介经济形式，即小众经济的可能性。依托新技术的力量，个体越是自由，就越是能按照意愿建立自己的媒介“食谱”（diets），于是受众的类型也会越丰富多样。探索这些有待满足的食谱，并探索以怎样的方式送达至对位受众的视野中，是一个更为长远的媒介命题。

### 2.2.3 关系上的流动：衣帽间式共同体

“衣帽间式的共同体”（cloakroom community）是鲍曼对流动现代性人群一个特征的概括。在《流动的现代性》中，鲍曼描述了这一共同体的特殊“景象”。

> 演出开始前，人们穿着厚厚的外套和皮夹克，经过不同的街道鱼贯而入，将外套脱在大堂，挂在衣帽间。进入表演大厅，他们服从特定的着装规则，整齐划一。表演期间，他们全神贯注，有共同的欢笑、悲伤和沉默，如同有事前的彩排一样，同时发出喝彩、惊叹或抽泣。帷幕降落，他们重回衣帽间，穿上外套和皮夹克，刹那间，消失在街道形形色色的人群中。

这里所谓的“衣帽间式”共同体，具备几个典型的特征：因事件而短时间聚集起来、缺乏身份认同、感情投入脆弱。但这个共同体因为观看同一部戏，而短暂拥有共同的喜悦、哀愁、焦虑、愤怒……是“五分钟的（集体）仇恨与热爱”。鲍曼形容，“许多单独的个体可以紧紧地依靠它来消解他们独自的个人的恐惧”，“更好地去忍受在嬉闹片刻结束之后他们必须回到的日常工作”[①]。如同鲍曼所认为，衣帽间共同体的出现是暂时的、表面的、转瞬即逝的，并不能治愈痛苦和不幸，类似共同体现象的存在“反而是流动现代性条件下的社会失序的征兆，甚至有时是这种社会失序的原因”。

在互联网上，几乎每一个单位的内容都可以短暂激发这样一个“衣帽间共同体”的出现——对某条新闻义愤填膺的网友、对娱乐明星八卦品头论足的观光团、因为某一个电视剧产生共鸣的职业群体、因为对某种娱乐方式品位一致的观众……这些短暂而迅速聚集到一起，爱恨同步又火速退去的群体，是“衣帽间共同体”的网络样本。而身份多元又掌控“利基时空”的消费者个体，则每天在不同的“衣帽

---

① 齐格蒙特·鲍曼.流动的现代性[M].欧阳景根译.上海：上海三联书店.2002：309-313.

间”之间自由流动，随时进退。

在鲍曼对流动现代性的概括中，表演会式共同体（camival communities），也是当下共同体的另一个合适的名字，用来共同所指，“每天独自奋斗的痛苦中的法律意义上的个体”，“这些共同体为他们带来了暂时的喘息和缓解”。迅速扩大的共同体，是打破平日离群索居单调生活的场合，并且向所有的表演活动一样，能让他们发泄被压抑的力量。无论是衣帽间还是表演会式的共同体，一个结果是它们有效地避免了“真正的”（即是说，广泛的和持久的）共同体的凝缩——否则，它们要模仿并（骗人地）答应从零开始使它重现或形成。它们分散，而不是凝缩，未被开发利用的社会性的推动力量，因而为离群索居的持久存在而做出贡献，并孤注一掷却又是徒劳无功地，在少得可怜的和谐一致的集体任务中，寻求补偿[①]。

网络社群，无论在研究界还是实践界都是重要的课题，一直将“持续互动的群体”作为对象进行研究。社群研究成果通常忽略了一个重要现状——任何一个新媒体用户都不止身在一个社群，他们在多社群液态游走，才是更为典型的消费行为，他们并不想真正归属某个社群。“持续联络”的网络社群是部分传播的节点和经济形成的基础，但那些存在于社群中“永远在线”的个体也可以“永不出现”，他们游走在不同的社群中，控制着在不同社群中的角色，更有效地避免了为任何群体所束缚。社群的建立者通常为线下行为的联络做补充或者做铺垫，但真正引发一次次全民网络狂欢和传播高潮的都生于线上、死于线上。

关系就是社会，社会不是一个实体，而是一个过程，是一种具有意识的个体之间的互动过程[②]。“具有意识的个体之间的互动过程”几乎是当今社交媒介环境下，媒介消费行为的最贴切诠释之一。

“关系传播”是当前传播的“硬件”[③]。“人们越来越把过多的私人

① 齐格蒙特·鲍曼．流动的现代性 [M]. 欧阳景根译．上海：上海三联书店 .2002：311-313.
② 齐美尔．桥与门：齐美尔随笔集 [M]. 三联书店上海分店，1991：2.
③ 喻国明．社交网络时代话语表达的特点与逻辑 [J]. 新闻与写作．2017（7），41-43.

领域的想象也叠加到社会关系上，并越来越倚重于这种虚拟的社会关系网。社会关系和社会结构发生了本质性变化，而依附在虚拟社会关系网之上的传播关系也会基于新型的社会关系网络而改变和重塑，关系传播将逐步取代大众传播、组织化传播成为社会传播的主流传播形式”。沟通中的大部分人在洋洋得意地使用着理性工具，而忘记沟通的本质是主体之间的交互关系。原本的相互倾听、相互理解被简化为计算、观察、使用主体与客体之间的关系，以选出和说服为主要目的的大众媒体就是在此基础上发展而来[①]。“如果从历史叙事的视角理解大众媒介，大众媒介在以往扮演的常常是扫荡、夷平地方文化的角色。现在到了多元共同体视角检视大众媒介的时刻了”[②]。

时至今日，以关系为渠道、以多元共同体为特征的社交传播时代正在到来，其表象在于任何微小的兴趣、事件、话题，都可以集结成稳定的或者临时的共同体，“人以群分”的基础范围以及寻找速度都是空前的。快速共同体集结很类似鲍曼提出的“衣帽间式共同体”，在观剧兴趣的背景下，拥有共同兴趣品位甚至消费水平的人们被短暂聚集，在表演结束之后四散回到人群之中，很少能再次短时间汇聚，彼此之间也只是短暂甚至毫无交流的关系。如同鲍曼所说，公开表演的场所，作为衣帽间式共同体短暂存在的一个场合，并不会将个体关注融汇成“团体兴趣”；这些个体的关注也并不会通过被汇聚在一起而获得一个新的属性，并且这一表演场面所造成的这种错觉和假象，也并不会比对表演的兴奋激动，持续的时间要长久得多。

然而社交媒体可暂停、可回溯、可存留的属性正在改进这样的共同体关系。因为参与一次活动而集结的人群，有了继续在数字世界里保存关系的可能，继续成为共同信息的接收者，共同议题的讨论者，共同活动的再次参与者。所谓“互释人”关系正在取代从前短暂的共同体，而成为长久共同体的可能。从这个层面上讲，社会化媒介的兴起正在为多元共同体的存留，为关系传播的崛起提供了空前的契机。

---

① 汪敏．作为一种交流关系的传播 [J]. 新闻传播，2017（05）：15+17.

② 孙玮．多元共同体：理解媒介的新视野 [J]. 新闻记者，2011（4），15.

因此，我们可以总结，所谓“流动的受众”的概念：不断切换多元身份的信息消费者，在不同的终端上以 ID 为核心游走在海量信息中，通过调整信源和社群身份不断消费信息，并逐渐寻求其中的秩序。在这个过程中，享受以事件和情绪为由头引发的，与其他个体随时随地、转瞬即逝的聚集和解散，在消费中不断寻求信息与情绪的满足。而上述这一切都可以随时随地发生在各种生活必要环节的缝隙里。

# 03

# 进化的受众

“下一代用户”是这样一群人：他们习惯随时随地，在多个不同的生活与工作地点接入互联网。他们使用互联网常用的应用、信息浏览、邮箱、社交、地图中的至少两种功能。除此之外，下一代用户在接入设备上除了必不可少的手机，还拥有平板电脑、电子阅读器、三台或以上计算机其中的两样以上的设备。

——牛津大学互联网研究中心

从印刷、无线电传输到移动互联网，从报纸、广播到社交媒体，媒介无论从技术到形态无疑都在演进，不断有不同以往的新媒介、新新媒介的诞生来调整概念。美国学者保罗·莱文森（Paul Levinson）认为：“按照约定时间进行”（media by appointment），是迄今为止一切旧媒介的特征[①]。

在以莱文森为代表的媒介进化理论研究者看来，媒介进化存在一定的规律：媒介使用功能越来越符合人类感官愉悦的要求，媒介外形设计越来越符合人性审美需求；从人性化的角度看，媒介必然沿着人类传播要求的方向进化；从媒介与自然关系的传播效果看，媒介必然

① 保罗·莱文森.数字麦克卢汉：信息化新纪元指南[M]何道宽译.北京：社会科学献出版社 2001：11.

朝着不断消弭时空障碍的方向进化[①]。总之，媒介进化理论首先肯定了人的理性选择在媒介进化中的作用，“人是积极驾驭媒介的主人……人决定媒介的演化——哪些存活，哪些落到路边，哪些命悬一线，哪些如日中天”[②]。

但媒介进化理论也遭到了部分学者的讨论和质疑，有学者认为，莱文森并没有用发展和动态的眼光看待“人”的变化，他没能回答媒介的进化是“谁做选择”“如何选择”这样的问题，也没能回答选择的结果是用什么样的指标来衡量[③]。对这些问题，他的回答都基本指向人性，而这个归因的结果实质上是静态地看待“人性”。他将人性设定为前技术时代的自然状态，而没有意识到这样的标准和准则也存在不断变化的可能。这样的思路从根本上违背了“媒介环境学”将媒介与受众整体看待的基本立场。

### 2.3.1 从进化的媒体到进化的受众

莱文森始终强调人的“理性选择”在媒介进化过程中的重要作用。但鲍曼却认为，现代理性是盲目的、没有方向的。他认为，现代理性的优点是工具的力量，衡量成功的标准是效率、速度以及表现，但弱点是可以运用工具于其上的目标是模糊不清的、不确定的……现代理性可以讲一大堆事情应该怎么做，但是关于什么事情应该做却几乎什么也没说[④]。

因此可以说，媒介进化理论尚未彻底将人需求的不断变化与人类现代理性的方向缺失纳入考量，而仍旧不断在回到“基本人性”的立场上，存在与现实的脱节。事实证明，在移动互联技术逐渐普及之后，在受众被空前赋权的状态下，媒介消费需求正在不断地快速演

① 陈功．保罗·莱文森的人性化趋势媒介进化理论 [J]. 湖南科技大学学报（社会科学版），2016，19（01）：178-184.

② 保罗·莱文森．数字麦克卢汉：信息化新纪元指南 [M] 何道宽译．北京：社会科学献出版社 2001：12.

③ 胡翌霖．技术的“自然选择”——莱文森媒介进化论批评 [J]，国际新闻界，2013（2），77-84.

④ 齐格蒙特·鲍曼．流动的现代性 [M]. 欧阳景根译．上海：上海三联书店 .2002：310.

进，媒介消费行为也因此不断更迭，新一轮探讨受众变迁与进化，是比探讨媒介如何变迁更为根本与迫切的课题。

美国学者菲利普·南波利（Philip M. Napoli）于2010年出版的《Audience Evolution》一书，被认为是开启了又一轮从“强大媒介”讨论向“强大受众”讨论的视角转移。事实上，在“强大媒体”与“强大受众”这两个论调上不断的“两极游走”与“螺旋上升”路线有着不短的历史——早在1980年，学者伊莱休·卡茨（Elihu Katz）就在一篇对传播学研究领域的概述中评论说，“强大的媒体”或是“强大的受众”之间的来回讨论，这风潮差不多每过十年就变一变。英国学者索尼娅·利文斯通（Sonia Livingstone）在20世纪90年代的引述并认同了这个质疑，她提问：90年代甚至以后的探索是否也在重复这个“摇摆”，以及这样的摇摆是否是常态？事实证明，加上其后的30年，大众传播学大半个世纪的历史中，“媒介—受众”这对关系孰强孰弱、此消彼长的研究争论从未停止过。

新一轮强大受众的研究风潮，开始于移动互联网的普及，之前两次由一种工具的广泛使用为研究界带来“受众自由”恐慌的，应该分别是家用电脑和遥控器，两者都在不同程度和范围内赋予了受众前所未有的选择权。如今移动互联时代的受众可以在更多终端上选择更多内容，鼠标比遥控器更为自由地选择开始与结束的时间点，手机比家用电脑更为小巧和便携，“随时随地”“随心所欲”的媒介接触已经成为常态。因此，大部分现有研究正在“受众强权”的话语体系下进行着，认为处于高权力地位的受众正在引发传播者的无所适从。

受众行为到底出现了怎样的变革呢？菲利普·南波利总结出如下的受众进化模式：

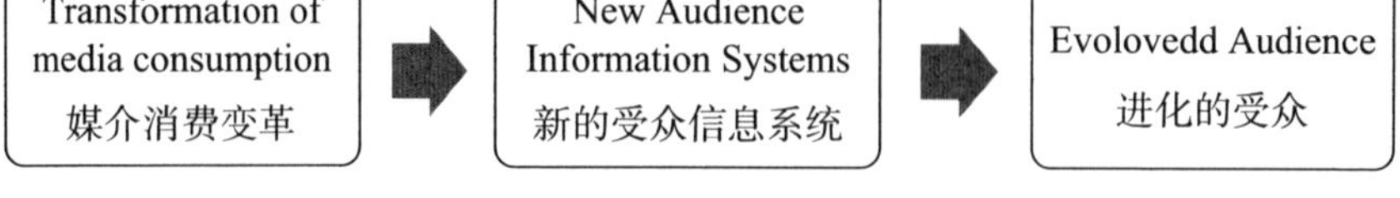


**图2-1 南波利（Napoli）提出的受众进化成因图示**

在这个进化系统中，媒介消费变革（transformation of media consumption）是受众进化的起点，利益相关者在第一步进化的过程中做了不断的反抗和谈判（resistance and negotiation），不断形成新的受众信息系统（new audience information systems），最终对新的受众信息系统的适应和行为改变，导致了进化了的受众（evolved audience）。

笔者非常认同南波利对受众进化形成的观点，但是对他建立的这个看似线性的模型略存质疑：第一，受众并不是走完一个完整的流程才最终进化的，其过程是循序渐进并不断倒退甚至自我修正的。第二，媒介消费变革是进化受众的起点，但从某种程度上说，也是受众进化反作用影响的结果。

因此，关于受众是如何进化的探讨，如果放到媒介经济学的框架下，将理论着眼点放到受众进化与媒介消费的不断变革上，那么如下的关系图，似乎更有动态演进的说服力。

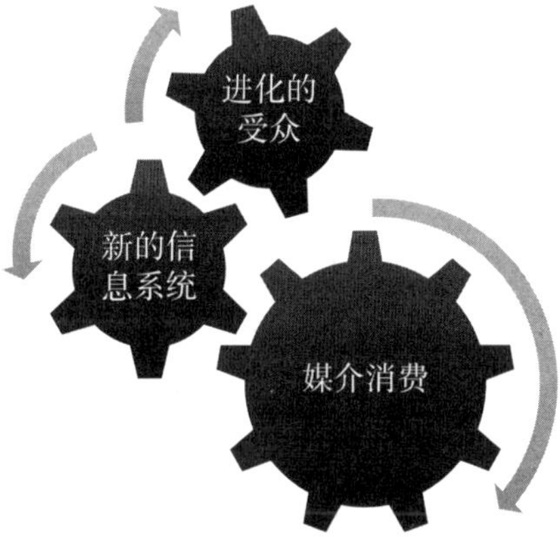


**图 2-2　进化的受众、新的信息系统与媒介消费之间的关系**

如图2-2所示，笔者认为，媒介消费、新的信息系统、进化的受众三者之间并非绝对的直线因果关系。在技术变革背景下，到底是哪个环节先带动了整个齿轮的运转也是很难讨论清楚的议题。三个环节：进化的受众、新的信息系统、媒介消费都非一蹴而就，这样的特性也导致受众不断演进的过程是动态的、连续的、缓慢的、叠加的，同样也是复杂的。

“受众”这一概念，在媒介研究领域和文化研究领域都由来已久。按照麦奎尔的说法，最早的受众诞生于各种公开活动的参与者，演讲、集会、露天演出都是受众聚集的契机，这些没有通过任何介质传播的受众基本是依靠物理聚集而形成，在同一时间接收传播的信息。电影的诞生被麦奎尔认为是最早“大众受众”的形成节点，因其借由电影这一具有“中介”性质的媒介打破固定时空传播信息，被认为开大众受众之先河。随后的一两百年时间里，借由一定传播技术、以不同载体为介质传播信息的大众媒介——报纸、杂志、广播、电视，不断为大众受众提供基于不同内容的信息接收可能。直到社交媒体的出现。

“用户”这一概念，最早应用于计算机行业。计算机技术带来的改变，使得一切以此为基础的和使用逻辑的参与者都具有了“用户”特征——个体差异大、互动性、主动性。麻省理工学院（MIT）研究新经济学研究学者埃里克·冯·希贝尔（Eric von Hipple）在谈到新经济领域的创新时提到“领先用户创新”（lead uesers innovation）理论。这一理论认为，所有产品的创新动力并不是由产品的设计者引领和决定的，而是由消费者中有着领先需求的那部分用户，领先人群最早意识到产品的更多可能，基于市场和成本考量的生产者、设计者对产品的真正改良落后于这部分用户的行动，甚至是追随这部分领先用户而来[①]。事实上，真正创新的根本力量是该产品最活跃的用户，消费者对于生产者的决策和变革具有推动性力量。

在媒介研究的视野中，“受众”从大众传播时代固有的旧制中走到“用户”的变革过程不可谓不漫长。从“受众”到“用户”的变革主要在于直线和单向传播方式的彻底颠覆从“接受”之受，到“使用”之用。用户借由计算机技术与通信技术，实现以个人为单位的信息选择、互动，成为“受众”概念一两百年来的巨大突破。有国外学

① Eric von Hipple，Free Innovation[M]. The MIT Press.2016：123.

者对“受众”和“用户”的概念内涵与范畴做了对比，如表2–3[①]所示，可见“用户”概念的引入是一次媒介传播模式上的重要突破。

**表2–3　受众与用户的内涵对比**

| | 受众 | 用户 |
|---|---|---|
| 媒介传播模式 | 工业模式 | 社会化模式 |
| 信息接收特征 | 被动 | 主动 |
| 对话模式 | 单向 | 双向 |
| 群体界限 | 专业与非专业界限清晰 | 专业与非专业界限模糊 |
| 个体还是机构 | 个体 | 个体、机构、各种团体 |
| 是否跨媒介 | 基本固定，用户追随媒介 | 跨媒介，以计算机行为为核心，内容追随用户 |

“下一代用户”（Next Generation Users，NGU）是牛津大学互联网研究中心（Oxford Internet Institute，OII）于2011年提出的概念。“下一代用户”是这样一群人：“他们习惯随时随地，在多个不同的生活与工作地点接入互联网。他们使用互联网常用的应用、信息浏览、邮箱、社交、地图中的至少两种功能。除此之外，下一代用户在接入设备上除了必不可少的手机，还拥有平板电脑、电子阅读器、三台或以上计算机其中的两样以上的设备”。牛津大学互联网研究中心的研究结果表明，“下一代用户”倾向制造互联网接入的“随时随地”，其使用互联网的频率和多地点程度都高于以往用户。使用多种电子设备接入并没有出现技术理性主义者们所认为的降低互联网的普及率，反而是不同的互联接入应用分别在时间和空间上的延展不断补充了甚至扩展了技术的可能性。

研究者们还提出：“下一代互联网用户”的定义跟年龄、使用年限、使用总时长等因素的关系不大，而是因人们的养成能力有所差

① 翻译总结自Hartley J. Communication，Cultural and Media Studies：The Key Concepts. New York：Routledge2011.

别。一些人比其他人更擅长利用技术满足他们的利益和需求。因此，对不同年龄阶段的人来说都有成为下一代用户的可能，区别的实质是其创新能力重新配置了技术渠道，创造了新的数字鸿沟[①]。

因此，我们可以看到，从“受众”到“用户”再到“下一代用户”，我们对受众研究的观念也在不断变迁（见表 2-4）：

**表 2-4　受众研究观念变迁**

| 不同阶段 | 时间 / 代表人物 | 核心概念 | 受众特点的认知 | 进化 |
|---|---|---|---|---|
| 受众研究阶段 | 20 世纪 30 年代<br>西多尼·罗杰森 | 枪弹论 | 受众是完全被动的接受方，易于说服 | 被动 |
| | 20 世纪 40 年代<br>赫伯特·布鲁默 | 大众受众论 | 受众是群体性、大规模、匿名性、无差异的大众 | |
| | 20 世纪 60 年代<br>拉扎斯·菲尔德 | 有限效果理论 | 顽固的受众，不会全面接收媒体信息 | 主动 |
| | 20 世纪 70 年代<br>伊莱休·卡茨 | 使用与满足 | 受众会根据需要选择使用信息 | |
| | 20 世纪 80 年代<br>霍尔、莫利 | 编码解码理论 | 受众拥有自主权，本体地位初步确立 | 积极 |
| 用户阶段 | 21 世纪初 | — | 自主选择互联网内容、积极互动 | 参与互动 |
| 下一代用户阶段 | 2011 年 | — | 多种设备、多种地点上网 | 自我配置 |

对比可见，经典的基于“大众受众”的研究理论正在逐渐失去其解释力，但真正的关于当下受众的理论研究尚未建立起来。如同前文综述所提到的，积极受众观所诠释的受众的积极状态，有着悬而未决的两个问题：第一，积极受众的新特征是什么？第二，受众是如何参与到传播中来的？这是目前的受众研究理论无法很好诠释的内容。受

① 马克·格雷厄姆，威廉·H. 达顿，另一个地球——互联网 + 社会 [M]，胡泳等译 . 北京：电子工业出版社 2015：11、22-23.

众的不断进化——从被动到主动到积极再到参与互动，最终在渠道、时间、注意力上进行的“自我配置”，都显示了受众权力生长、自主意识不断进化的轨迹。对于受众现状的阐释并非积极受众观所能概括，需要更为与时俱进的研究。

## 2.3.2 “非碎片化”与“不自治”

关于目前受众的整体状态，最新的观念来自南波利总结的两个重要的特征[①]：一是受众媒介接触的碎片化。二是受众高度自治。“碎片化”与“自治”也同样是近年来媒介研究中高频出现的词汇，但这两个词是否足以可以概括现状仍然需要更为细致的讨论。

“碎片化”已经成为当前社会的通用词。“碎片化时间”“碎片化阅读”“碎片化学习”“碎片化认知”等随之而来的，是各种基于“整治”的讨论，企图将“碎片”黏合回“整体”的状态。事实上，就传播领域而言，“碎片化”并不是绝对本质上的变化。“可碎片化”的程度越来越高才是既有解释力又具有建设意义的核心特征。

关于媒介消费是否碎片化，近年来开始有学者反思这种关于状态的论断。如 2017 年 7 月，牛津大学路透新闻学研究所数字新闻项目的负责人理查德·富莱切特（Richard Fletcher）与研究总监拉斯穆斯·克莱斯·尼尔森（Rasmus Kleis Nielsen）联合发表在美国威传播学期刊《传播学刊（Journal of Communication）》上的研究结果表明，线上受众的新闻消费与线下相比较，并没有明显碎片化。他们集中研究了 6 个国家的新闻消费者在不同的媒介平台（纸媒、电视和网络）上的新闻消费行为，最终发现，线上和线下的新闻消费行为差异并不大，他们的研究结果也并不支持业界人云亦云的“碎片化”倾向，更不能认同对新闻产业基于“碎片化”消费、影响力不再而产生的悲观情绪。

那么，到底是什么产生了碎片化消费的认知和“错觉”？

---

① Napoli, P. M. Audience Evolution: New Technologies and the Transformation of Media Audiences, New York: Columbia University Press. 2011.

事实上，大众传播及其后时代的媒介消费体验“逐渐碎片化”的认知过程，是受众逐渐脱离统一媒介时间和媒介空间的过程：

1）推送时代的媒介时间束缚。在大众媒介阶段，媒介消费的时间基本上由“媒介时间”决定。读者必须等待早上的日报出版，才能获取“一揽子”信息；杂志读者意犹未尽地放下当期杂志，总要等到下一期寄送来才能再翻看新内容。《新闻联播》的观众必须等待晚上七点钟的片头曲响起，才聚集过来看到今天新闻的影像。而黄金时间的电视剧必须坐等《新闻联播》结束才会开始……在这个阶段，媒介消费是被动式的、低频次的、集中的消费。

2）拉取时代的媒介空间束缚。以门户网站时期为代表，媒介消费者在任何一个有设备有网络的电脑前坐下来，就可以接通集纳海量信息的门户网站，从信息列表中自主选择内容，安排消费时间和时长，拒绝安排好的新闻顺序，直接跳过不感兴趣的内容，进而产生巨大的用户感和权力感。但这一行为本质上仍然受限于网络有线信号的接入与终端所在的空间，更受限于网站运营者对内容的更新，消费者的拉取，是在一定范围内的选择权。在这个阶段，媒介消费是主动的、高频次的、分散式的消费。

3）移动互联网与社交媒体时代的时空解放。移动互联网让“推送”和“拉取”的时空范围扩展至日常的各个时段、生活的各个场所，将消费行为分散到更多可能的碎片时间和空间，可延迟、可暂停、可错过。社交媒体让信息发送的权利不仅仅掌握在传媒机构手中，社交关系也成为源源不断的信息提供者，随时都在更新不同的内容，因此消费者依托不同的客户端、依托不同的社交平台，正在空前自主地安排自己的媒介消费时间、空间、内容和节奏。所谓感知上的“碎片化”，更多的是将从前束缚的时间和空间上的固定媒介消费解放出来，是将从前无法接触媒介的时间和空间都激活并利用了起来。穿插于通勤路上的突发新闻获知和社交媒体转发，看起来短暂且跳跃，但在此之前，这几乎是传统媒介无法争取到的时间和空间。

因此，在“碎片化”之前，媒介消费之所以“整体”是技术和渠道垄断造成的不自由，消费者在不同的缝隙时间里获取信息获得娱乐本身就是碎片化的需求，而移动互联技术与社交媒介平台的结合，让这样的本质需求得到了满足。真正对产业形成威胁的不是碎片化的消费方式，而是如何在拥有空前自由身份的消费者、可碎片化程度越来越高的消费模式面前争取注意力的停留、时间的付出和个人关系链的认可。

第二个关于受众变迁广受认同的重要特征是：受众自治（audience autonomy）。南波利将受众自治解释为：媒介受众逐渐对何时、何地以及如何消费媒介有了自己的控制权。营销界甚至有研究者将当代媒介环境描述为消费者的“极度控制”（devastatingly in control），将受众的权利和能力放在了前所未有的高度上[①]。

实质上，受众最大的权限突破在于在消费媒介的时间、内容、注意力分配上拥有了空前的“自我配置”能力和自由，但其消费的新闻信息是被媒介机构选择之后的结果，其社交平台信息同时也被大数据的描摹揣测参与到了一起。受众的所谓自治只是在于按自由时间安排接收、互动和评价。很多实证学者都发现即便在选择度非常高的媒介环境中，仍然有相当多的重复受众（audience duplication），这意味着，在传统的传受流向中，受众仍然在信息的接收端。所谓受众的空前自由，只是在消费信息的方式上，如何接受信息也进一步决定了将看到什么样的信息。

事实上，数字时代的受众行为的确因个体差异难以一概而论地“预测”，但可以空前便利地被记录、统计。与传统的订阅用户或者有线电视用户调查单纯的人类学统计数据相比，大数据正在不断地描绘每一个ID身份的清楚面目和个人喜好。那些成功运用了“大数据+心理侧写”（Psychological Profiling）的公司，正在展示他们巨大的引导效果。

因涉及2018年3月Facebook信息泄露这一事件而广为人知的数

---

① Napoli，P. M. Audience Evolution：New Technologies and the Transformation of Media Audiences，New York：Columbia University Press. 2011：5.

据公司 Cambridge Analytic 曾在它的官网上描述其公司使命，“通过了解个体的动机以及与目标受众互动的方式来实现数据驱动的行为改变”。官网上有“政治”和“商业”两个项目入口，为商业营销提供策略，为政治选举提供咨询是他们的主要业务。他们最广为人知的咨询案例是帮助英国脱欧公投和帮助特朗普当选。虽然在数据泄露事件甚嚣尘上之际，相关机构和人士都来否认与该公司的合作，但这一内幕的公之于众无疑将数据安全和用户的被动局面放置在了空前紧张的社会关注焦点上。

Cambridge Analytic 声称通过大数据加心理学侧写和心理计量学（psychometric）来掌握个体受众的心理，他们通过各种渠道收集个体的大数据信息，并依照一定的心理学机制为个体的心理状态贴上标签，针对不同心理属性的群体投放不同的社交信息，以达到对目标群体行为的干预。CA 的创始人兼 CEO 亚历山大·尼克斯（Alexander Nix）曾经在 2016 年 Concordia Summit 峰会的演讲中说：“大众传媒这种所有人收到无差异化的信息已经是过时的概念，人们再也不会收到他们不关注不关心的信息，只会收到高度定制的信息[①]。”

因为数据泄露，Facebook 遭遇了创办以来空前巨大的危机，危机的成因中也不乏用户对数据所引导真相的震怒。在拥抱消费自由的数字化时代，受众数据被掌握的可能性比从前更大，技术上的引导可以轻易决定你的所思所见，所谓的“受众自治”跟“大数据 + 小数据”的“共治”相比，其实不值一提。

综上，笔者认为“碎片化”并非消费者的根本特质，“自治”又过高地估计了消费者的绝对能力，两者都不足以全面概括进化后的受众及受众行为，其深层次原因亟须探讨。

### 2.3.3 高权利认知的受众

罗素认为，在社会科学上，权力是基本概念，犹如物理学上的

---

① 详细报道见《Cambridge Analytica 是一家怎样的公司？》搜狐财经，2017-02-10：http：//www.sohu.com/a/125908134_116235.

“能”是基本概念一样。权力也和“能”一样，具有许多形态。他强调权利的多种形态。而美国政治学家丹尼斯·朗（Dennis Hume Wrong）在《权力论》中把权力定义为“某些人对他人产生预期效果的能力”[①]。

从媒介研究的角度看，互联网作为一种新的权利来源，它对于个体与自组织群体的激活，更多地为社会中的“相对无权者”进行赋权，使权利和垄断资源从国家行为体向非国家行为体转移[②]。在媒介消费层面，依托于移动互联网技术和社交媒体建立起来的关系网络，个体正在经历前所未有的高权利认知时代。其形式表现为：个体不再是媒介消费的终端，而在个人消费的同时，成为产销者、拥有自门户，担当互释人。

### 产销者

鲍曼指出：“现代社会里较为陈旧的类型之所以被称为‘生产社会’，是因为其中的社会成员首先是作为生产者的……在目前晚期现代、第二期现代以及后现代阶段，社会要求其成员——既是首先——也要具备作为消费者的能力”。[③]关于媒介消费者的特殊身份，近年来研究界创造了不少词汇：

**表 2-5　新闻消费者概念变迁**

| 概念 | 提出者 | 新闻消费行为 |
|---|---|---|
| Consumer | — | 选择新闻 |
| Prosumer | Alvin Toffler，1980 | 选择新闻、发布信息 |
| Prod-user | Alex Bruns，2014 | 选择新闻、发布信息、参与 UGC |
| Prod-designer | Alex Bruns，2015 | 选择新闻、发布信息、参与 UGC、不断优化选择 |

麦克卢汉（Marshall McLuhan）早在1972年的著作《Take Today》中就提出，消费者（consumer）将会通过电子技术演变为生产者

① 丹尼斯·朗.权力论[M]陆震纶等译.北京：中国社会科学出版社 2001.

② 喻国明，马慧，互联网时代的新权力范式：“关系赋权”——“连接一切”场景下的社会关系的重组与权力格局的变迁[M].国际新闻界 2016（10），6-27.

③ 齐格蒙特·鲍曼，后现代伦理学.[M]张成岗译.南京：江苏人民出版社，2003：64.

（producer）。而未来学家阿尔文·托夫勒（Alvin Toffler）在1980年撰写的《第三次浪潮》中，将生产者和消费者两个词铸成一个词新Prosumer，并沿用至今，意思是指生产者和消费者的角色界限模糊，两者将最终融合。在此基础上，澳大利亚学者阿克塞尔·布伦斯（Alex Bruns）分别于2014年和2015年先后提出了新闻消费领域的Prod-user和Prod-designer的概念，并将Consumer、Prod-user、Pro-designer在新闻消费的主动性上做了由低到高的排序。Consumer是直接选择想看的新闻，Prod-user是用户在新闻接入、选择、生产和分发过程中过滤信息，通过直接链接和评论参与UGC新闻的生产；而Pro-designer是指在新闻的接入、选择、生产和分发过程中都发挥主动作用，不断设计优化调整所看到的内容的重要性和优先次序，甚至参与创意内容的合作。

个体对于信息的生产和消费都更加主动，也更有权利。相关的研究和讨论也在不断延伸，正如韦伯斯特所论断的那样："数字媒体在全世界蔓延。在蔓延的过程中，它们无疑改变了既有的大众媒体、商业和社会本身。但是这些改变的性质在很大程度上取决于人们如何使用媒体。"

### 自门户

社会化媒体的崛起让任何拥有Web 2.0主页或者社交账号的个体都拥有了个人门户，这个门户既是个人接入信息平台的入口，更是很多人在虚拟世界互相认识的第一张名片。

"人性化自我"（all-too-human selves）与社会化自我（socialized selves）是欧文·戈夫曼（Erving Goffman）在其著作《日常生活中的自我呈现》中提出的概念。戈夫曼认为，人性化自我与社会化自我是天然不同的，人性化自我是人类的本质，"我们也许只是被反复无常的情绪和变幻莫测的经历所驱使的动物"。而社会化自我是社会角色的一部分，需要"表演"一个相对稳定的状态。为此，他把社会化自我表演的舞台称为"前台"（front region）。作为舞台一部分的符号设备，被称为“装置（setting）”，表演并不只是为了面对观众，也是为了“前台”。一个人的社会化角色表演可以看作是其个人形象的尽力展示。某种程度上说，个人门户的存在和动态的不断发送就是网络化的“前台”。

社会心理学中的社会比较理论（Social Comparison Theory）认为，人类自我评估的欲望是天生的，即便有关于社会评价的量化指标，人们仍然强相遇通过和他人的比较来做自我评估，人们需要依靠外界对自己的不断对照和反馈来审视自我形象的准确性。这样不断窥视、比较、再定位的基本欲望也是社交媒体存在和不断维持发展的社会心理基础。

从个人媒介消费的角度上来说，一部分消费是自我认知的内在需要包括每日新闻、专业知识、娱乐、信息和其他部分的消费是一种社会自我的需要，通过评论、转发的内容价值的身份，来更新个人门户，这不仅是维护社会交际，是前台的名片升级的个人。这种集体的社会化需要支持着社交网络的信息流。因此，热门话题和文章的，“刷屏”其实是通过一个个“转发”行为，占据了大部分人的个人门户，同时也是个人门户信息的一部分，是一个关系链中的即时消息，接续传递着信息流。那些不断被各种关系链中的人转发进入个人门户中的内容，其本质是内容引起了绝大多数人的共鸣和兴趣，被不同领域的人共同青睐，最终形成热门文章。

## 互释人

当关系网络置入信息传播网络之后，信息传递的通路就与人际关系密不可分了。除了新闻机构生产的内容，每个人都会很轻易地从他所关注的人那里获得其创作或者转发的信息，同时，如果获取的内容触动了读者的积极性，就会引发又一个节点的自发传播，抑或是带着评论与态度的再次传播。

人际关系的价值除了交往上的社会联系，也成为彼此信息系统上的重要的“编辑”——社交网络里不乏因为“三观不和”互相拉黑、切断信息传播线的行为，在微博中关注、取关，在朋友圈中阻止、分类的行为，也是一种渠道上的不断调整，任何一个热点事件的出现都会引发一轮价值观上的互相窥视和不断对标。从这个意义上说，社交网络上的关系框定，其本质是决定了谁来做你的信息源，基于前面讨论的社会性传播的需求，你将看到的更多的是“信息挑选＋态度表达”后的组合。社交平台上的信息传播无形中已经形成了互相诠释和表态的讨论氛围。

依托互联网的无界性质，理论上说，个人是可以选择链接上任何一个拥有社交账号的人的，这也令基于共同特征的社群的建立更容易、更细分。任何一个社群，都会成为某一个意义上的“诠释社群”，互相选择之后的人群，对信息的共同理解是社群建立和稳定的基础，社群中的成员在不断沟通中互为诠释人。

与此同时，社交关系浸入信息传播网络，也几何级地增强了信息“冗余”感。如同前文提到的“下一代用户”，其创新的信息渠道自我配置是典型的特征，在这个过程中，用户拥有了空前巨大的选择自由，同时也要付出自我配置的时间精力甚至认知能力。在相互链接的个体急于就同一个热点不断发言、表态、诠释的时候，单一用户得到的可能是不断重复的、真假难辨的观点和优劣难分的态度。这对具备良好媒介素养的用户来说，是一个听到更多声音的机会，但是对于媒介素养并不良好的用户来说，无疑是极大的冗余甚至误导。

“互释人”的角色有一点是非常值得肯定的，就是观点表态的多元化，以及对用户自身而言强烈的赋权感，对个体传播影响力有了更为直观、数字化、可统计的感受。

# 第 3 章

# 时空边界

数字媒介将已经发生的事情重新带给我们，并让我们同步体验来自遥远地方的文化。它既破坏了我们的“逻辑时间序列”，也破坏了我们的“生物时间感”。“时空偏向”在传统的大众媒介时代非常适用——不同类型的大众媒介都存在对时间问题或者空间问题的解决，同时对空间问题或者时间问题的依赖。我们可以说，新媒体无远弗届，没有时空限制的，是无边界的，在技术层面上的确如此。但是当时空都不再是障碍之后，真正的边界之一，是个人时空的限定。

01. 社会时空
02. 媒介时空
03. 个人媒介时空的建构
04. 个人媒介时空的嵌入

# 01

## 社会时空

“现代性的动力机制派生于时间和空间的分离和它们在形式上的重新组合。”

——吉登斯

20 世纪 70 年代以来，西方社会理论界率先出现了“时空转向”，力图把被实证主义长期忽视的时空概念重新引入社会学视野。这种转向并非将作为人类活动背景的时间和空间概念引入社会理论，或者仅仅是去谈一下物理时空所具有的“社会意义”。与此相反，“时空转向意味着从社会主体的角度来审视时空的本体论意义，进而将时空的存在理解为社会性的建构，即所谓社会时空”[①]。

约翰·厄里认为，时空的现代转换，就是社会的现代化进程。他说，“新的技术和组织创新使人们能够进行长距离的通信和旅行，从而把时间给‘压缩’了。……这些技术创新和社会组织创新共同作用，戏剧性地重组和压缩了人和地域之间的时空维度。[②]”

鲍曼在阐述“流动的现代性”时提到了媒介变革加速了现代社会的流动性，手机的到来或许正是作为对于空间依赖象征性的最后一

① 景天魁．时空社会学：拓展和创新 [M]．北京：北京师范大学出版社 2017：1.
② 约翰·厄里．全球复杂性 [M]．李冠福译．北京：北京师范大学出版社 2009：1.

击……[①]正如斯科特·拉什所言，现代性所说的“时间”不过是诸种“时间视域”（temporal horizon）中的一种[②]。换言之，人并不是一直以来都依循相同的时间框架生活、行动。麦克卢汉也同样认为，钟表的媒介信息即在于，它让时间脱离了人们经验的律动，并以统一的单位量度规律了我们的日常生活。这种由机械钟表的普及所彰显出来的现代性“时间”，也就是一种序列性的时间框架，使得现代社会中的人们习以为常地循着前后相继的时间流动来安排生活中的事务[③]。

吉登斯（Anthony Giddens）认为“现代性的动力机制派生于时间和空间的分离和它们在形式上的重新组合，正是这种重新组合使得社会生活出现了精确的时间—空间的‘分区制’，导致了社会体系（一种与包含在时—空分离中的要素密切联系的现象）的脱域；并且通过影响个体和团体行动的不断输入，来对社会关系进行反思性定序与再定序”。[④]吉登斯提出的“社会时空理论”在日常生活例行化实践与制度化分析相结合的基础上，将行动理解为时空情境下的“行动流”，[⑤]他还援引媒介环境学派代表人物哈罗德·伊尼斯（Harold Innis）和马歇尔·麦克卢汉的观点，认为主导型媒体引发的时空转型不仅会促使社会与个人日常生活方式发生转变。[⑥]

基于社会时空理论的时空社会分析，是社会时间分析和社会空间分析的再综合。它强调社会行动或结构与社会时间和社会空间之间的固定联系及相互影响，并不排斥自然时间和空间作为外部环境[⑦]。社会时空理论认为，时空环境与行动本身之间具有互为因果的关系，前者既是后者的结果，又是后者的条件。因此把社会时间划分为：个

---

① 齐格蒙特·鲍曼．流动的现代性 [M]. 欧阳景根译．上海：上海三联书店 2002：158.

② 斯科特·拉什．信息批判 [M]. 杨德睿译．北京：北京大学出版社 2009：129.

③ 马歇尔·麦克卢汉．理解媒介：论人的延伸 [M] 何道宽译．北京：商务印刷馆 .2000：22.

④ 黄娟．吉登斯的社会时空思想——一种试图“超越”历史唯物主义的社会历史解释视角 [EB/OL]（2010-1-9）[2020-3-6] https：//www.sinoss.net/2010/0109/17975.html.

⑤ 陈曲．吉登斯对行动理论构成性要素及其关系的阐释 [J]. 天津社会科学，2020（01）：75-79.

⑥ 安东尼·吉登斯．现代性与自我认同 [M]. 赵旭东等译．北京：生活·读书·新知三联书店 .1998：18-27.

⑦ 顾金土．社会时空分析的类型、范例及特点 [J]. 人文杂志，2013（07）：107-113.

体层次的“自我时间（self-time）”，对应非正式群体层次的互动时间（interaction time），对应正式群体的层次的制度时间（institutional time）。①

抽象地看，空间比时间拥有更复杂和特殊的属性。在空间中有可能向不同的方向运动，但是时间仅仅会流逝，是不可逆转的。空间的度量相对也较难标准化。②从现有的研究来看，社会空间主要分为五类：1）心理空间。是指社会主体的精神活动世界。2）行为空间。是指行为可能活动的范围。3）关系空间。是社会主体之间的关系构成的世界。4）权力空间。是指权力所可能施展的控制、占有范围。5）信息空间是指网络、知识、文化所生成的信息世界③。“时空形式是感性最基本的依据，正是依据时空形式，感性具有了表象能力，它可以把杂乱无章的感性质料整理为可见的现象。”④媒介时空，即是一种集合了心理、行为关系权力与信息的动态时空。

---

① Lewis，J. David & Andrew J. Weigert.（1981）. The Structures and Meanings of Social Time. Social Forces，1981，60（2），pp.432-462.

② 德雷克·格利高里，约翰·厄里.社会关系与空间结构[M].谢礼圣等译.北京：北京师范大学出版社，2011：143.

③ 顾金土.社会时空分析的类型、范例及特点[J].人文杂志，2013（07）：107-113.

④ 刘少杰等.社会学理性选择理论研究[M].北京：中国人民大学出版社，2012：163.

# 02 / 媒介时空

“我们仍然需要解释媒介在给我们的生活施加秩序、对我们的社会空间进行组织时的角色。”

——尼克·库尔里德

传媒与工具和机器不同，工具和机器是我们用来提升劳动效率的器具，而技术的传媒是一种我们用来生产人工世界的装置，它开启了我们新的经验和时间的方式，而没有这个装置，这个世界对我们来说是不可通达的[①]。这一通达世界的装置在库尔德利看来，不过是研究人通过媒介做什么或是在做什么与媒介相关的事[②]。然而人的此种“做”必是与媒介的设定与其刺激、推动断不开的。“通过媒介做什么”和“做什么与媒介相关的事”，首要的必然是与“什么媒介”有关[③]。

流动的空间（Space of flows）和无时间的时间（timeless time）是卡斯特对媒介时空的论述，在他看来，“流动的空间”是这样的地方：通过它媒介基础设施使得来自不同地方的社会生活能够继续进行，就好像它们世纪上在场和相近一样。它是“没有低于邻近性的社会共时

① 克莱默尔．传媒、计算机和实在性之间有何关系？[M]. 孙和平译．北京：中国社会科学出版社，2008：7-8.
② 库尔德利．媒介、社会与世界 [M]. 何道宽译．上海：复旦大学出版社，2014：41.
③ 菲利普·N·霍华德．卡斯特论媒介 [M]. 殷晓蓉译．北京：中国传媒大学出版社 2019：6.

性”。而“无时间的时间”是我们关于过去和未来融合在当下的感觉，因为数字媒介将已经发生的事情带给我们，并让我们立即体验来自遥远地方的文化。它既破坏了我们的“逻辑时间序列”，也破坏了我们的“生物时间感”①。发源于大众媒体时代的“媒介仪式”研究认为，“我们仍然需要解释媒介在给我们的生活施加秩序、对我们的社会空间进行组织时的角色”。②社会秩序不是既定的活的自然的状态，是在实践中构建的，用符号表征的。媒介对社会生活秩序的表征有助于秩序的规定和运行③。

梅罗维茨提出以电视为代表的电子媒介造成了“消失的地域”，人们所处的环境不再由物理地域来决定，新媒介重新定义了“地域”，改变人们社会空间和场景感知④，更何况以手机为代表的移动数字媒介。大众传媒从根本上是凭借技术垄断一定的时间或者空间，从而制造集中关注度形成社会影响力和经济效益。但移动互联时代正在破除这种时间和空间上的垄断，甚至不断赋予个体更大的自由，使得“秩序”所必需的一致性和确定性在时间和空间都被个体化定义，这导致了移动互联时代媒介消费行为的难以统计和预测。

2017 年，哈佛大学伯克曼互联网与社会中心资深研究员戴维·温伯格（David Weinberger）提出互联网时代知识重组三个层次的秩序：第一层是实体秩序，是约定俗成的秩序，对事物本身的排列。第二层是理性秩序，是根据预先设计好的秩序或分类体系，将有关事物的信息分配到相对应的、固定的位置。第三层是数字秩序，是混沌、无序的，因为它没有预定的秩序，也超越了分类体系的限制，是在利用信息时根据需要重新排列组合，是一种特定的，满足个性需求的新秩

① 菲利普·N·霍华德．卡斯特论媒介 [M]. 殷晓蓉译．北京：中国传媒大学出版社 2019：84.

② 尼克·库尔德里．媒介仪式——一种批判的视角 [M] 崔玺译．北京：中国人民大学出版社 2016：1-2.

③ 尼克·库尔德利．媒介、社会与世界：社会理论与数字媒介实践 [M]. 何道宽译．复旦大学出版社 2014：38.

④ 梅洛维茨．消失的地域 [M]. 肖志君译．北京：清华大学出版社 2002：47.

序[①]。这样的新秩序所制造的“时空自由”和链接路径，增强了媒介消费者将消费行为代入绝对不同利基时间和空间的能力，从而制造因人而异的媒介消费路线。

我们可以说，新媒体是没有时空限制的，是无边界的，在技术层面上的确如此。但是当时空都不再是障碍之后，真正的新媒体的边界，是个人角度上的时空限定：个人如何分配媒介时间、如何协调个人空间和社会空间的需求，是所有信息内容真正发挥其媒介作用的边界。大到无边界的互联网会让受众有更多的机会接近更符合自己需求的信息与知识。

如同前文所论述，媒介消费者正在越来越被接受为一种有限理性的主体，在面临选择时会被情境、心理、环境等因素左右做出并不符合数理逻辑的决定，因此，依据绝对理性的计算机逻辑创造的媒介消费模式存在着缺失。英国社会学家安东尼·吉登斯认为：“现代性的动力机制派生于时间和空间的分离及它们在形式上的重新组合。”[②]媒介消费研究也必须将这种重新组合的方式作为无法回避的研究课题。

哈罗德·伊尼斯（Harold Innis）早在其著作《传播的偏向》中，将媒介分为时间偏向和空间偏向的不同类型，这一理论在传统的大众媒介时代非常适用，不同类型的大众媒介都存在对时间问题或者空间问题的解决，以及对空间问题或者时间问题的依赖。然而在移动互联网时代，技术逐步突破时间和空间的限制，时间和空间对于传播行为还有怎样的影响？

移动互联网用户正在体验“在时间压缩下或借由随机的排列事件顺序所导致的社会行动的去序列化。”[③]在时间和事务排列上，麻省理工学院社会心理学学者雪莉·特克尔将这样的现象总结为，行动电

---

① 戴维·温伯格．万物皆无序：新数字秩序的革命 [M]. 李燕鸣译．太原：山西人民出版社 2017：4-5.

② 安东尼·吉登斯．现代性的后果 [M]. 田禾译．南京：译林出版社 2000：14.

③ 黄厚铭，曹家荣．“流动的”手机：也太现代性的时空架构与群己关系 [J]. 新闻学研究，2015（124）.

话[①]已然将我们带进了一个“持续分心的世界（the world of continual partial attention）”，并认为，这意味着我们如今做任何事情都变成是“可暂停的”（pause-able）[②]。社交联络上的延迟回复，个人门户上的修饰更新，了解新闻上的分次阅读，收看视频时的可暂停点播，都是体现在媒介消费上的“可暂停”现象。

在空间意义上，纵观“莎草纸信—小册子—咖啡馆—报纸—广播—电视—互联网”的媒介空间形态改变的间时影响了人类文明的进程。“21 世纪的互联网在很多方面与 17 世纪的小册子或 18 世纪的咖啡馆相通，和 19 世纪的报纸或 20 世纪的电台和电视却大相径庭”……他认为媒体经过了大众媒体阶段的短暂插曲之后，“正在回归类似于工业革命之前的形式”[③]。我国台湾学者黄厚铭的研究以“个人化的社会空间”这个概念来阐释此现象。“个人化的社会空间”意味着当人们通过行动电话寻求连结时，实际上即是借由“个人化”当下来开启一个可供互动的“社会空间”[④]。也就是说，通过行动电话所中介、延伸的社会行动既是个人化的、也是社会性的。它既是隔离于当下场景的个人选择，也是进入与他人关系的社会连结。换言之，依循着此一空间框架所产生的行动，虽然看似“个人化”的，却总是混杂着社会性的情感、目的与后果。如此来看，行动电话所造就的并非单纯“个人化”的发展。可以说，时空维度的引入让媒介研究从“媒体—受众”的二维思路，拓展为以“个人时空”为系数的多维思路。

在媒介消费极度个人化之后，对消费行为的研究显然缺失了有效的比较维度。但是无论消费者如何在个人化的时间和空间中做选择和安排，每天 24 小时的时间对每个人来说都是公平的，时间不可逆转且无法储存。所以有两种关于时间的理论可以成为衡量媒介消费的重

① 笔者注：“移动电话”在我国台湾的叫法。

② Sherry Turkle. Alone together: Why We Expect More from Technology and Less from Each Other, New York: Basic Books, 2011: 164.

③ 汤姆·斯丹迪奇，从莎草纸到互联网：社交媒体 2000 年 [M]. 林华译 . 北京：中信出版社 2015: 6-18.

④ 黄厚铭 . 21 世纪的地方社会：多重地方认同下的社群性与社会想象 . 流动媒介与脱域的认同 [J]. 台湾大学考古人类学刊，2017（86）: 211-216.

要借鉴，它们一个是经济学角度的“时间预算”（time budget），一个是行为经济学上的“时间心理账户”（psychic accounting of time）。

时间预算，来自经济学的“预算”的概念，在做一个消费之前最大的花费评估是怎样的，时间预算也来源于此，鉴于媒介消费主要在时间和注意力层面的“消费”，那么你愿意在某类媒介消费活动上花费多少时间和注意力呢？美国学者曾在2012年做了一个基于时间预算视角的政治新闻消费兴趣研究①，基于253份邮件调查样本的调查结果显示，移动新闻的消费人群比非移动消费的人群时间更紧张（工作时间更长、自由时间更短暂），因此对政治新闻更感兴趣的人在移动新闻消费中更积极。这一结果也侧面表明了，移动端消费对空隙时间的利用。

时间心理账户的概念，源于行为经济学的“心理账户”（Mental accounting）概念。这一概念最早是在20世纪80年代，由行为经济学家理查德·泰勒（Richard Thalar）在解释沉默成本效应时间首次提出的。之后不同的经济学家在泰勒的基础上系统分析心理账户的特征、分类以及对人们众多行为的影响，其中对消费和金融投资的影响层面的研究尤为丰富，因而成为行为经济学中一个重要概念。其内容主要是：人们在面对不同决策时的一些看似不合理性的决策，其实是由于心理账户上的损益感造成的。国内有学者借鉴相关的概念，将时间心理账户定义为：人们在心理上对自己的时间资源下进行分类、预算、监控和评价的账户系统②。也有实证研究结果发现，在日常生活中，人们通常会基于这个时间的活动内容来进行分类。“时间心理账户”（mental accounting of time）具有较为稳定的五维结构模型，分别为工作时间心理账户、家庭时间心理账户、社交时间心理账户、休闲时间心理账户、学习时间心理账户。不同账户之间边界模糊，但不能

① Zhang，Ha. Mobile news consumption and political news interest：A time budget perspective[J]. Journal of Applied Journalism & Media Studies，2016，5（2）.

② 赵星. 时间心理账户的理论研究 [J]. 科学中国人，2015（33）：131-132.

互相替代，否则将产生不良心理障碍[①]。

基于这两个概念，笔者认为可以努力探求在媒介消费的决策选择上，是否有可以依据时间和空间的规律及法则。时间预算和时间心理账户是如何影响人们在媒介消费时的决策、预期与选择结果。这是从行为经济学视角审视媒介消费行为的尝试。

① 李爱梅，魏季．基于“时间心理账户”视角的幸福体验研究 [A]. 中国心理学会．第十五届全国心理学学术会议论文摘要集 [C]. 中国心理学会：中国心理学会，2012：1.

# 03

# 个人媒介时空的建构

“积极自由”是做什么的自由，强调参与权；而“消极自由”是免于做什么的自由，强调选择权。

——赛亚·柏林

如同齐美尔（Georg Simmel）所说，关系就是社会，社会不是一个实体，而是一个过程，社会是“具有意识的个体之间的互动过程”[①]。可以理解为，社会是一个有意识地建立关系的过程。媒介权力的不断扩展，其实质是不断延伸关系触达的范围，关于这种“触达”效果的讨论不绝于耳，而关于“触达”根本意识的研究并不丰富。

理解权力，不可避免地要提及以赛亚·柏林（Isaiah Berlin）的“积极自由”与“消极自由”。他认为“积极自由”是做什么的自由，强调参与权。而“消极自由”是免于做什么的自由，强调选择权[②]。不断鼓吹技术带来的媒介进步、受众权力无疑是对受众“积极自由”的阐述，而从受众的“消极自由”维度思考，媒介的不断演进同时也是受众不断扩大的选择权——遥控器的出现让受众免于被同一频道内容

① G·齐美尔.桥与门：齐美尔随笔集 [M]. 三联书店上海分店，1991.

② Nieuwenburg P. The agony of choice: Isaiah Berlin and the phenomenology of conflict. [J]. Administration & Society，2004，35（6）.

的束缚。鼠标的使用让受众免于接受媒体节目的线性安排；随身触屏让受众免于必须坐到固定的设备前使用……

在拥有极大丰富的“媒介菜单”和“媒介家具”选择时，衡量权力更直观的维度，恰恰是“消极自由”权利的体现。而随着信息冗余、社交爆炸等社会问题的出现，这种对媒介使用“消极自由”的需求，更加升级为一种“可以切断”“免于打扰”的权力——为平台内容付费购买VIP屏避广告、关闭朋友圈短时间社交斋戒、退出各种信息群拒绝无效沟通……在人人可以介入的互联网之中，最高自由应该体现为，随时可以接入网络、跳进人群、无所不知，也随时可以切断连接、隐居起来。媒介消费者正在前所未有的广阔选择里，自动设置边界，一个基于个人媒介认知框架和心理需求的，与外界是否链接、多大程度链接的尺度和边界。

受众可以在无限的信息海洋里选择，同时也失去了大众媒介时代的编排之后的“秩序”。受众在互联网普及之初“链接一切”的兴奋过后，更多的是在回归理性，在社交账号“关注与屏蔽”的行为里分配注意力。在自媒体的“置顶”功能里调整信息渠道的优先级别。在付费专栏里为更为权威、更想了解的内容用直接付费的方式给予更多的支持和依赖……在无限的信息中配置有限的精力，并寻求一定的秩序。

早在一百多年前，作家亨利·戴维·梭罗说：“人类已经成为了人类工具的工具。”后世文学批评家对梭罗的评价是，他“完全不需要邮局”，“对报纸也表达过蔑视”。但他并非隐士也绝不避世，他在对瓦尔登湖的极简“隐居”生活的记录中，颇有意味地分配了他房间中的最重要“家具”。“我的房子里有三把椅子，拿出一把用来独处（Solitude），两把用来结交朋友（friendship），三把要用来交际（society）。”

梭罗对他两年零三个月的林中生活有基本的目标。“过深思熟虑的生活，面对生活中的基本事实。”如果说，独处、建立关系、交际，就是梭罗所谓的"生活的基本事实"，那么我们是否也可以回归"信息交流"的基本事实，将媒介系统象征性地划分为"一人媒介""两人媒介"与"三人媒介"。在选择不同的媒介时，其根本动机源于对不同层次自我卷入（ego-involved）的需要。

以此"三把椅子"的视角为例，掌握媒介使用"消极自由"的个人，在自我配置"媒介家具"过程中，做这样的设计。独处时用一把椅子，就是"自我媒介"。交谈时启动第二把是"他人媒介"。社交时启动第三把"群体媒介"。如果参照社会心理学家格林维尔德（Greenwald A.G.）的理论[①]，从"自我的动机"层面将不同的自我区分为"公我"（public self）、"私我"（private self）和"群体我"（collective self）的视角，也可以将上述三重媒介分别命名：

表 3-1　自我动机下的三重个人媒介时空框架

| "三把椅子" | 三重自我动机 | 三重媒介 |
|---|---|---|
| 独处 | 私我（private self） | 私人媒介（Private media） |
| 沟通 | 公我（public self） | 公共媒介（Public media） |
| 交际 | 群体我（collective self） | 群体媒介（Collective media） |

由此，我们可以尝试归纳千人千面的个人媒介分类中最大公约数——通过不同媒介的开启和关闭，来控制自己与外界的连接关系和自我卷入程度。

从权力和自由层面上讲，随着媒介技术的发展，个人已经具备跨越时间和空间获知信息的权力，在个人所面对的巨大"媒介菜单"中，随意选择学习知识、沟通对话或者参与群体讨论。从这个意义上说，个人具备随意配置三把椅子的自由。但如前文所述，更高的自由在于"免于被信息打扰的权力"。个人当然可以无限使用媒体，但精力与时间的有限性需要个人根据意愿不断配置有限的注意力资源。8

① Greenwald, A. G. Ego task analysis: An integration of research on ego-involvement and self-awareness. In A. H. Hastorf & A. M. Isen (Eds.), Cognitive social psychology (pp.109-147). New York: Elsevier.1982.

小时睡眠与 8 小时工作之外的全部时间，理论上可以被自由分配和利用，技术的应用已经让媒介使用时长这一数字逼近极限。

于是，受众正在与过剩的信息的在关系上设定边界——主动搜索信息、了解事实、浏览新闻、学习知识、自我娱乐等心理上一人完成的情境时，会选取“私人媒介”（新闻、知识、自媒体、音视频类）；在发表意见、了解他人观点、沟通信息等心理上需要与他人“对照信息”的情境下，选取的是“公共媒介”（论坛、即时通信、微博）；在协商讨论、社群分享、多人娱乐等心理上需要介入集体，满足“社会参与”需求的情境下，选取的是“群体媒介”（社群、游戏类）。受众的消极自由体现在，在不同的心理情境下调整媒介时间的分配，掌握以自我卷入程度为标准的媒介关系尺度（详见图 3-1）。

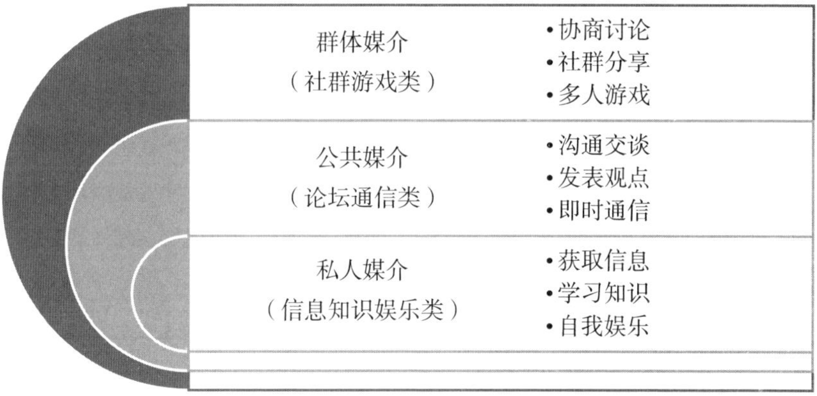


**图 3-1　三重个人媒介时空的指向**

在大数据与算法无处不在的今天，严格意义上说“受众自治”一词过高地预估了受众的权力，事实上，数字时代的受众行为的确因个体差异难以一概而论地“预测”，但却可以空前便利地被记录、统计。与传统的订阅用户或者有线电视用户调查单纯的人类学统计数据相比，大数据正在不断的描绘每一个 ID 身份的清楚面目和个人喜好，那些成功运用了“大数据 + 心理侧写”（Psychological Profiling）的公司，正在展示他们巨大的引导效果。受众真正自治的，并非内容，而是内容选择；并非权力中的“作为”，而是“不作为”；并非“媒介权自治”，而是上述所说的，个人媒介消费的“边界自治”。这样的最大公约数上的媒介归类与自治，为新旧媒体这样的传统而无力的划分提供新的分野。

# 04

## 个人媒介时空的嵌入

从自我意志的“游戏”和“选择聚神”入手考察传播活动的个体主观性。

——威廉·斯蒂芬森

人如何使用媒介一直都是媒介研究的重要课题。在移动化使用的今天，探寻媒介使用的模式，人们如何在众多媒介中分配注意力意义重大。

斯蒂芬森（William Stephenson）主张从自我意志的“游戏”和“选择聚神”入手考察传播活动的个体主观性[①]。使用者在媒介接触中如何“选择聚神”，受制于组织环境、制度环境或者社会环境的影响，人们并不能随心所欲地安排自己的时间和节奏。从这个意义上讲，注意力分配的研究可能要超越一般意义的时间管理范式，去挖掘真实世界更深层次的环境约束条件或者因素。社会学的注意力分配研究主要集中于时间社会学领域。与其他学科相比，时间社会学侧重研究注意力分配背后的环境因素。根据研究层次的差异，把已有研究分为三类：从天文时间到社会时间的宏观研究。从社会时间到组织时间的中

① 宗益祥. 游戏人、Q 方法与传播学：威廉·斯蒂芬森的传播游戏理论研究 [M]. 北京：中国政法大学出版社 2017：17.

观研究。从组织时间到个体时间的微观研究[①]。

媒介使用的操作化通常是基于时间（time-based）的测量（比如，接触媒介的时长或频率），这是对传统媒介的使用研究的一种沿袭，主要与广播、电视播出时段较为固定有关[②]。以往的研究对媒介使用的测量侧重关注人们使用媒介的时长（how long）、频率（how often）、形式或内容（what），而"在哪里"（where）、"如何"（how）使用往往被大多数研究者所忽略；大多数研究仅涉及其中一个或两个方面，多变量的综合性测量相对较少，而且这些"综合"中的不同变量、不同指标之间的关系和权重问题也没有得到很好的解决[③]。

目前，对空间（场所或情境）维度的实证考察相对较少，主要集中在对互联网媒介使用的测量，因为网络接入的便捷性和移动终端的发展使得受众媒介使用的空间行为越来越复杂[④]。Google 于 2011 年 10 月组织的"Our Mobile Planet"研究，旨在调研不同国家的手机使用行为，研究覆盖 47 个国家，44400 位参与者。报告显示，我国城市智能手机用户使用手机的空间，包括家里、公共交通、办公室、餐馆、路上、店内、社交场合、咖啡馆、诊所、学校、机场等[⑤]。然而经验告诉我们，智能手机的应用并非因绝对的物理空间而变化，"碎片化使用"的意识使得研究者通常将不同的媒介使用空间统筹在一个指标下进行全面考察，"碎片化"并不能概括所有媒介使用的现状，非物理性的时间、空间感知仍然是移动化媒介使用的某种边界所在。

在博士研究阶段，本人的研究成果之一，即提出媒介的"时空体积"是进行不同时空下媒介选择的衡量标准之一，并提出"时空体积指数"（Time Space Volume Index）由两个维度共同决定：那占有（强

---

① 景天魁 . 时空社会学：拓展和创新 [M]. 北京：北京师范大学出版社 2017：228.

② JUNG, J.-Y., QIU, J. L., & KIM, Y.-C. Internet connectedness and inequality: beyond the "divide" . Communication Research, 28(4), 507-535.

③ 廖圣清，黄文森，等 . 媒介的碎片化使用：媒介使用概念与测量的再思考 [J]. 新闻大学，2015（06）：61-73.

④ 廖圣清，黄文森，等 . 媒介的碎片化使用：媒介使用概念与测量的再思考 [J]. 新闻大学，2015（06）：61-73.

⑤ 参见 http://www.ourmobileplanet.com.

占有型→弱占有型）与情境（高情境要求→低情境要求）[①]。研究对这一理论构进行了实证研究的检验。

因此，基于已有的文献与研究，关于个人媒时空的研究问题集中为以下两个：

RQ1:“时空体积”在实践中是否是大部分媒介使用行为的参考因素?

RQ2：在具体的社会时空中，媒介使用模式有什么显著差异?

### 3.4.1 数据收集

本研究数据基于北京师范大学新闻与传播学院2019年7月5日至7月30日开展的《2019中国居民媒介使用与媒介观调查》，调查采取配额抽样的方法，参考CNNIC第43次《中国互联网络发展状况统计报告》中的城乡结构、性别、年龄段和学历，对本次调查进行配额设计，由专业调查公司的工作人员通过平板电脑辅助开展社区拦截访问。共计在45座城市发放4968份问卷，其中有效问卷4631份，成功率约为93%，问卷平均完成时间为20分钟。受访者中男性占比52.6%，城镇居民占比73.1%，受访者年龄在14岁至70岁（M=33.4，SD=13.45）。目标占比与实际占比差额控制在1.1%以内，基本能够反映我国网民群体情况。

### 3.4.2 变量设计与矩阵量表检验

（1）媒介“时空体积”的变量设计

“时空体积”的变量设计源自并发展自之前维度的框定——在先前的研究中，“时空体积”使用的是对个人的“占有”和对他人是否干扰的“情境”这样的衡量维度，在此次实证研究中发展为消费者行为

① 曲慧，喻国明.超级个体与利基时空：一个媒介消费研究的新视角[J].新闻与传播研究，2017，24（12）：51-61+127.

**图 3–2 各媒介使用行为的自我卷入度和他人卷入度**

学中的“卷入度（involvement）”[①] 作为更统一的衡量标准，个人占有发展为“自我卷入度”，情境要求发展为“他人卷入度”，作为衡量媒介“时空体积”的基本坐标系。进而对 13 类媒介使用行为（读书、听音乐、社交媒体、看报纸杂志、新闻 APP、知识类 APP、听广播、看电视、点播影视剧、看短视频、网络购物、看直播、玩手机游戏）“自我卷入度”和“他人卷入度”在坐标中排列的不同、计算和编码（详见图 3–1、表 3–2）。

“自我卷入度”与“他人卷入度”分别分为 1—4 个级别，1 为最小，4 为最大。在次序比较上，我们依据媒体特性、使用经验和观察来排列（如图 3–1 所示），其图形面积的大小代表了其“时空体积”指数，是由坐标所在数字的乘积决定。例如音乐和广播在媒体属性上一直是对个人占有最小同时也不影响他人的“小体积”媒介，而点播影视剧、打手机游戏等媒介使用行为天然需要更高的自我卷入度和他人卷入度，隶属“大体积”媒介。并为不同体积的媒介使用行为重新编码。

① Judith Lynne Zaichkowsky.（1985）. Measuring the Involvement Construct. Journal of Consumer Research（3）.

表 3–2 调查所采纳的 13 类媒介的“时空体积”编码

| 体积指数 | 编码 |
| --- | --- |
| 音乐 =1 | TS1 |
| 广播 =1 | |
| 浏览新闻 =2 | TS2 |
| 社交媒体 =2 | |
| 报刊 =3 | TS3 |
| 读书 =3 | |
| 知识类 APP=3 | |
| 网络购物 =4 | TS4 |
| 短视频 =6 | TS5 |
| 电视 =6 | |
| 看直播 =9 | TS6 |
| 手机游戏 =12 | TS7 |
| 点播影视剧 =16 | TS8 |

值得强调的是，本次全民调研本身打破了媒介物理维度的区分标准，站在使用者的角度对整个媒介系统进行了全方位的调研，因此在 13 种媒介行为的选择上，同时兼有传统媒介和新媒介 APP 产品，力求囊括具有个体差异度和整体代表性的主流媒介使用行为。

（2）社会时空的变量设置

时间与空间作为抽象概念在测量中具有一定的难度，本研究在时空社会学对于时间划分为“自我时间、互动时间、制度时间、循环时间”① 由个人及公共的基本思路上思考划分方法。有鉴于全国性调查所必须的理解程度和普遍性，将“时间—空间”与“公共—个人”两个基本坐标相交，共获得“公共空间个人时间”“公共空间公共时间”“个人空间个人时间”“个人空间公共时间”四个主要变量进行媒介使用行为的测量（见表 3–3）。为确保被调查者对变量的确切理解，每一个变量被表述为两个典型的生活情境加以提问，来共同建立社会时空变量与维度。

① Lewis，J. David & Andrew J. Weigert.（1981）. The Structures and Meanings of Social Time，Social Forces，60（2），pp.432-462.

**表 3–3 “社会时空”测量的变量与维度**

| 变量 | 具体情境表述 |
|---|---|
| 公共空间个人时间 | 在地铁、公交、出租车上 |
| | 独自在公共场合排队等待时 |
| 公共空间公共时间 | 在单位、学校、工作、学习时 |
| | 正在工作时间的集体讨论中 |
| 个人空间个人时间 | 在独自学习、工作的休息时间 |
| | 在临睡前的自家客厅卧室里 |
| 个人空间公共时间 | 在自己的工位、座位上听会、课 |
| | 集体工作、学习日的独自午餐时 |

（3）矩阵量表的建立与论证

基于上述的时空和媒体的选择，研究建立了一个媒介时空使用行为的矩阵量表。受访者在填答问卷时被要求根据不同的情境（四种时空的八种生活情境表述）来勾选 13 类媒介行为（看书至玩手机游戏）中勾选自己通常会选择的行为。据回收数据的信效度检验证明，此量表的信度系数 Cronbach α 为 0.764，效度检验 KMO 值为 0.77，p=0.000（如表 3–4 所示），具备较为可靠的信效度。

**表 3–4 整体问卷矩阵的信效度检验**

| Cronbach 信度分析（简化格式） | | |
|---|---|---|
| 项数 | 样本量 | Cronbach α 系数 |
| 104 | 4631 | 0.757 |

| KMO 和 Bartlett 的检验 | | |
|---|---|---|
| KMO 值 | | 0.77 |
| Bartlett 球形度检验 | 近似卡方 | 60884.959 |
| | Df | 5356 |
| | p 值 | 0.000 |

### 3.4.3 分析方法

为了研究 RQ1 的问题，我们首先合并了同一时空变量不同维度上的数据，采用描述性统计方法统计了媒介使用行为在不同时空中的分布状况，从分布规律中找寻不同体积的媒介使用行为是否存在变化，检测媒介时空体积指标这一理论设想的实际适用性。

为了研究 RQ2 的问题，审视不同媒介时空的媒介使用模式，我们采用因子分析法将不同时空中的媒介使用数据进行主成分分析，按照方法基本原则在旋转后的载荷因子小于 0.4 的被剔除，用来观测在不同的社会时空情境下媒介使用的某种共性的因子。

### 3.4.4 研究发现

（一）媒介“时空体积”指数适用于不同情境的媒介选择

研究发现，在个人时间个人空间、个人时间公共空间、公共时间个人空间、公共时间公共空间这四种时空维度中，不同“体积”的媒介使用行为（以 TS1–8 编码，数字越大表示是体积越大）存在着一定的分布规律（如图 3–2 所示）。

由图 3–2 可知，在个人时间个人空间中，大体积的媒介使用行为是被选择的频次是最高的，越是体积小的产品越不会被频繁选择；而在公共时间公共空间中则正好相反，大体积的媒介使用行为远远低于其他媒介行为。整体上说，媒介的整体选择频率也远远低于个人时间个人空间，显著低于其他几种情境。在个人时间公共空间中，媒介使用行为是最为平均的，体现了个人选择的特异性和差异化；在公共时间个人空间中小体积的媒介使用频率超高，且成为绝大多数人的选择。

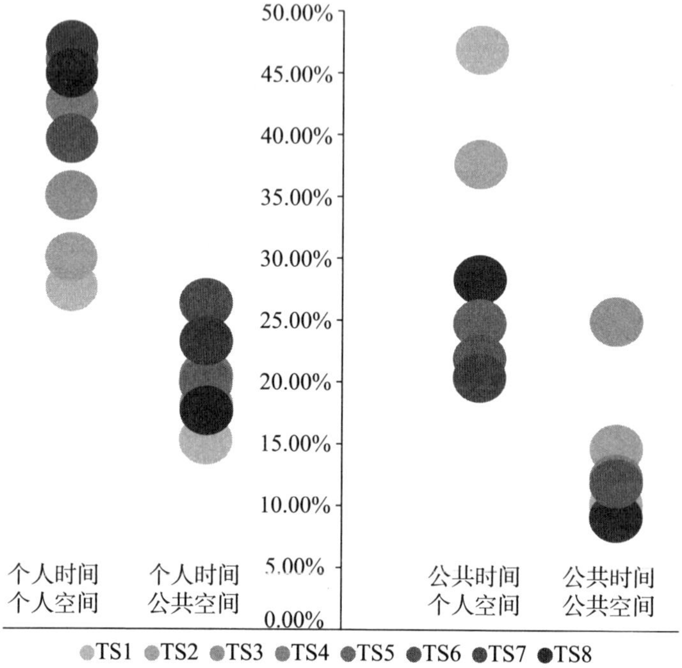


图 3–3　不同时空“体积”的媒介的选择分布

对比可知，无论是在同一类空间的不同时间，还是在同一类时间的不同空间，媒介行为都会做出相应的调整，其调整的选择指标与媒介时空体积指数相关——越是小体积的、对自我的卷入和他人卷入都很小的媒介使用行为越容易发生在私人化的“缝隙时间”（公空时间个人空间），而越是体积大的、对自我卷入和他人卷入都很大的媒介使用行为，越容易发生在整块的私人时空（个人时间个人空间）里。

（二）用户为中心的媒介使用分类方式

为了进一步分析不同时空中的媒介使用行为有怎样的规律，我们对不同时空中媒介使用行为的进行了因子分析，通过对行为数据的降维处理，从中提炼了共同的使用模式。四个不同时空中的媒介使用行为数据经过主成分分析与旋转，得到以下结果（如图 3–3 所示）。KMO 与 sig 数值均表明，四个因子分析都有具备良好的解释力。

个人空间个人时间媒介使用因子分析
旋转后的成分矩阵[a]
（N=4631 KMO=.635 sig=0.000）

| | 成分 | | | |
|---|---|---|---|---|
| | 1 | 2 | 3 | 4 |
| 读书 | | | .591 | |
| 听音乐 | | | .694 | |
| 社交媒体 | | | | .767 |
| 报纸杂志 | | .522 | | |
| 新闻类 APP | | .449 | | .434 |
| 知识类 APP | | .550 | | |
| 听广播 | | .584 | | |
| 看电视 | | | | |
| 点播影视剧 | .493 | | | |
| 看短视频 | .634 | | | |
| 网络购物 | .647 | | | |
| 看直播 | .523 | | | |
| 手机游戏 | .548 | | | |

提取方法：主成分分析法。
旋转方法：凯撒正态化最大方差法。[a]
a. 旋转在 7 次迭代后已收敛。

公共空间个人时间媒介使用因子分析
旋转后的成分矩阵[a]
（N=4631 KMO=.723 sig=0.000）

| | 成分 | | | |
|---|---|---|---|---|
| | 1 | 2 | 3 | 4 |
| 读书 | | | | .632 |
| 听音乐 | | | | .718 |
| 社交媒体 | | | .717 | |
| 报纸杂志 | | .620 | | |
| 新闻类 APP | | .482 | | |
| 知识类 APP | | .612 | | |
| 听广播 | | .436 | | |
| 看电视 | | .413 | | |
| 点播影视剧 | | | | |
| 看短视频 | .692 | | | |
| 网络购物 | .495 | | | |
| 看直播 | .565 | | | |
| 手机游戏 | .669 | | | |

提取方法：主成分分析法。
旋转方法：凯撒正态化最大方差法。[a]
a. 旋转在 6 次迭代后已收敛。

个人空间公共时间媒介使用因子分析
旋转后的成分矩阵[a]
（N=4631 KMO=.586 sig=0.000）

| | 成分 | | | | |
|---|---|---|---|---|---|
| | 1 | 2 | 3 | 4 | 5 |
| 读书 | | | | .735 | |
| 听音乐 | | | | .771 | |
| 社交媒体 | | | | | .614 |
| 报纸杂志 | .560 | | | | |
| 新闻类 APP | .705 | | | | |
| 知识类 APP | .575 | | | | |
| 听广播 | | .604 | | | |
| 看电视 | | .661 | | | |
| 点播影视剧 | | .608 | | | |
| 看短视频 | | | | | .587 |
| 网络购物 | | | .422 | | .507 |
| 看直播 | | | .697 | | |
| 手机游戏 | | | .644 | | |

提取方法：主成分分析法。
旋转方法：凯撒正态化最大方差法。[a]
a. 旋转在 11 次迭代后已收敛。

公共空间公共时间媒介使用因子分析
旋转后的成分矩阵[a]
（N=4631 KMO=.671 sig=0.000）

| | 成分 | | | | |
|---|---|---|---|---|---|
| | 1 | 2 | 3 | 4 | 5 |
| 读书 | | | | | .852 |
| 听音乐 | | | | .553 | .521 |
| 社交媒体 | | | | .783 | |
| 报纸杂志 | | .595 | | | |
| 新闻类 APP | | .693 | | | |
| 知识类 APP | | .558 | | | |
| 听广播 | | .464 | | | |
| 看电视 | | | .610 | | |
| 点播影视剧 | | | .721 | | |
| 看短视频 | | | .515 | | |
| 网络购物 | .544 | | | | |
| 看直播 | .740 | | | | |
| 手机游戏 | .725 | | | | |

提取方法：主成分分析法。
旋转方法：凯撒正态化最大方差法。[a]
a. 旋转在 8 次迭代后已收敛。

**图 3-4　不同时空中媒介使用的因子分析**

降维的方式，意在寻找在纷繁复杂的媒介使用类目和行为中，用户在使用模式上如何对复杂的媒介行为进行归类，这种用户立场上的归类也是传统研究中站在媒体立场上难以窥视和发现的细微差别。在本研究的四类时空中，我们也看到了，基于用户角度上对媒介完全不同于最初设想的分类方式：

（1）媒介时空体积对个人媒介使用模式的嵌入

社交媒体的使用是整个移动互联时代最重要的特征之一，在本次研究中，以微信、微博为代表的社交媒体，体现出在不同时空下的不同的使用模式。在公共空间个人时间情境下，社交媒体是独树一帜的选择，没有与任何其他媒体形成共同因子；在个人空间个人时间中，社交媒体与新闻类 APP 的使用存在显著的一致性；在个人空间公共时间中，社交媒体与网络购物和看短视频的使用模式一致；而在公共空间个人时间中，社交媒体的使用体现出与听音乐存在显著的一致性。

可见社交媒介的使用也并非一言以概之，在公共空间公共时间中，使用社交媒体更倾向一种类似音乐的背景式行为；在个人空间公共时间中，社交媒体的使用是一种接近网络购物和看短视频的轻型娱乐性使用；在个人空间个人时间中，如同我们前文的研究结果，在这一时空中大体积的影音娱乐类媒介被高频使用，社交媒体更多的是被当作和新闻类 APP 较为一致的资讯来源；而在公共空间个人时间中，社交媒体是人们独一无二的“开小差”式选择。

（2）广播媒介的显著资讯型使用

通常意义上，我们将广播与电视相提并论，作为传统媒介中的两大电子媒介，似乎二者天生应该被放在一起讨论其特性、受众，以及讨论“广电”面对新的数字媒介时代的某一种发展策略。在我们的研究中发现，除了在个人空间公共时间中，广播被认为与看电视和点播影视剧具有相近的娱乐性之外，广播在绝大多数时空里，都与报纸杂志、新闻类 APP、知识类 APP 等组成紧密的资讯类媒介使用模式，这几类媒介的使用存在高度的一致性。

（3）轻度娱乐与重娱乐的情境划分

从研究结果来看，公共时间内的媒介都存在更细致的模式类型（五类），而个人时间的媒介使用模式较为集中（四类），其中最主要的变化在于对几种娱乐型媒介使用行为的拆分上。在所有的公共时间中，娱乐型媒介使用行为会被细分为两类，较为小体积的轻型娱乐媒介和较为大体积的重度娱乐媒介。而在个人时间中，几类娱乐型使用行为并不会被特别区分。可见对当前研究中娱乐性媒介使用（Recreational Media Use, RMU）的趋势概括也需要更为详细的情境区分。

（4）被强力重组的媒介行为

在我们的研究中，"读书"与"听音乐"因为对个人卷入度和他人卷入度的不高均被编码为较小体积的媒介使用行为，但在因子分析中发现，这是一组强力被组合在一起的媒介使用行为，在任何情境下都有紧密的相关度，甚至与其他媒介的使用模式也完全不同。只有在公共空间公共时间的情境下，社交媒介与听音乐之间产生了新的关联，而其他情境下读书与听音乐都是一类始终保持颇高一致性的媒介使用行为，值得被继续研究。

在以上研究的基础上，我们可以看到，社会时空对媒介使用模式存在着显著的影响，主要表现为：第一，媒介"时空体积"的确是大多数媒介选择行为中的决策指标之一；第二，不同时空下媒介使用模式存在着共性与差异，体现为同一媒介的情境化使用细分，以及一种媒介的使用模式迁移两个层面。

社会学认为，个体时间与社会时间之间存在着：嵌入（embeddedness）—分层（stratification）与同步（sychoronicity）的框架关系。[①] 在当下的媒介使用模式中，个人使用媒介的时空与社会时空之间的"嵌入—分层—同步"也将是研究媒介使用模式的有益通路。

本研究在一定程度上解答了个人媒介使用模式与社会时空之间

① 景天魁.时空社会学：拓展和创新[M].北京：北京师范大学出版社 2017：233.

的“嵌入”关系，描摹了媒介使用行为在社会时空中的基础分布和方向性差异。基于全民调查的研究方式在判断大趋势上优势明显，但在具体行为研究中仍然存在不足，需要更多的基于深度访谈和行为实验的研究作为补充和跟进。但本研究的价值在于对于当下移动化媒介使用研究的前提媒介使用的“随时随地”（anywhere anytime）提出疑问，社会时间和社会空间为个体的媒介使用设置了怎样的边界？集体性的媒介使用模式为移动互联时代创造了怎样新的社会时间和社会空间，仍然需要更多的探索性研究。

# 第 4 章

# 理性边界

理性的边界不是“非理性”，而是各种形式的“社会性”。在传播学研究领域，媒介化的社会环境决定了信息冗余的客观环境，按照经济学原理，从过剩和冗余信息中筛选出真实信息是有成本的，起码有时间成本。当这种成本过大时，信息的接收者往往依靠个人的情感或习惯去选择 。因此在信息冗余的当下传播环境中，个体媒介消费的非理性因素研究至关重要。

01. 信息传播中的非理性

02. 个体的有限理性

03. 媒介消费决策的个体动因

04. 媒介菜单式的个人信息系统建构

# 01

## 信息传播中的非理性

行为模式舍弃了不少形式化的优雅，但这种舍弃却赢得了更多的回报，尤其是提供了看待理性的新方式。

——赫伯特・西蒙

理性的边界不是“非理性”，而是各种形式的“社会性”①。这是赫伯特・金迪思（Herbert Gintis）在《理性的边界》一书中竭力表达的观点。他认为站在理性对立面的，是多种社会性的集中表现和综合作用。而安德雷亚斯・莱克维茨（Andreas Reckwitz）则在《独异性社会》中指出，理性化的对立面是“文化化”：社会的理性化是为了应对“短缺”与“无序”问题，关注效率和稳定。社会的文化化是为了解决社会的“意义”和“动机”问题，关注生活的各种形式是为了什么。理性化回答的是“怎么办”，文化化回答的是“为什么”②。

非理性行为存在一定程度上的积极意义，个人的偏好会被基因演化和文化演化所塑造。那些有利于社会繁荣稳定的个人偏好，会

① Herbert Gintis. (2009). The Bounds of Reason: Game Theory and the Unification of the Behavioral Sciences, Princeton University Press, 2009. pp.247.

② 安德雷亚斯・莱克维茨 . 独异性社会——现代的结构转型 [M]. 巩婕译 . 北京：社会科学文献出版社 . 2019：61.

在“基因—文化”协同演化过程中被拣选和保留……进而优化了社会秩序。这就是金迪思提出的“非理性行为成就人类社会”的假说①。行为经济学家认为，人在选择过剩时的很多行为都是非理性的，浩如烟海的选择可能会让我们从“选择者”（chooser）转变为“捡拾者”（picker）②。“选择者是在决策前积极思考各个选项的人，所考虑的是生活中什么是至关重要的，在具体选择中孰轻孰重以及所做决定的眼前利益和长远后果……相反，捡拾者不会做这些事。在他们看来，生活中的选择犹如电视中的影像匆匆而过，捡拾者能做的就是抓住什么算什么，却又希望自己抓到的是最佳选择。”

赫伯特·西蒙（Herbert A. Simon）曾在《人类活动中的理性》中，探讨了三种不同选择模式的影响：超凡模式（the Olympian model）、直觉模式（the intuitive model）和行为模式（the behavioral model）。他认为过去几十年学界关于理性选择理论是基于“期望效用函数”建立起来的。这是一种“超凡模型”，是上帝视角，但是作为有限理性的人，“在做整体决策的时候是不可能对未来有精准的预见的，比如在考虑买一辆新汽车时，不可能预见未来两三年会发生的重大事件，而只是对当前汽车的型号、动力、品牌、性价比做出考量，这并非一个宏观函数可以解决的。”③西蒙把人类的这种选择模式称为“行为模式”，是在行为中不断选择的结果，而非在上帝视角上通观全局的理性决策。

按照西蒙的有限理性的行为模型，人们在选择时，没有必要在时间上无限追溯、在价值观上涵盖全部，也没有必要把选择中的每一个问题都与世间所有问题扯在一起。同超凡模型相比，行为模式舍弃了不少形式化的优雅，但这种舍弃却赢得了更多的回报，尤其是提供了看待理性的新方式。“这种新方式能够解释，在如此复杂以至于基于

---

① 董志强，张永璟．禀赋效应与自发社会秩序：一个行为经济理论 [J]. 世界经济，2016，39（10）：174-192.

② Barry Schwartz. (2004). The Paradox of Choice. Why more is less. New York: Harper & Collins. pp.175.

③ 赫伯特·西蒙．人类活动中的理性 [M]. 胡怀国，冯科译．桂林：广西师范大学出版社．2016：23.

主观期望效用理论的超凡模型难以解释的世界中，拥有我们这样心智能力（甚至硅谷所有计算机辅助下的心智能力）的生物如何过活。”[①] 大量的人类思维以及人们得以正确决策的原因，主要在于拥有良好的直觉或判断力。“所有严肃的、认真的思考，都需要两种模式的参与。它既包括一个类似于搜索的过程，又包括对熟悉之物的突然识别。”[②]

在传播学研究领域，媒介化的社会环境决定了信息冗余的客观环境。按照经济学原理，从过剩和冗余信息中筛选出真实信息是有成本的，起码有时间成本。当这种成本过大时，信息的接收者往往依靠个人的情感或习惯去选择[③]。因此在信息冗余的当下传播环境中，个体媒介消费的非理性因素研究至关重要。

有学者认为，信息传播中的非理性因素是一种意识状态，是存在于个体心理的、能够引发思维活动的要素，如情感、信念、意志等。因此从个体情绪、社会情感和集体意志三个层次分析网络舆论中的非理性因素，指出这些因素分别通过感染启动、社会结构、民族主义机制形成网络舆论[④]。有研究提出，“后真相”本质即是一种具有相当非理性特征的共同诉求，是“社会共同性”，一种没有被现有体系和公共领域充分关注到的“别样共同性”“别样社会性”。后真相的深层本质是一种没有得到适当反映、认知、规范的共同主体需求、共同利益诉求、共同情感需求。任何对象特别是整体性对象都有其趋势、节奏、规律可循，之后真相命名的流动社会性、别样共同性也是如此。以新媒体为中介与手段，原来处于分散、离散状态的、潜在的别样共同性，有条件迅速成为具体的集体知识、集体情绪，并在特定条件下形成、催化某种集体行动、知识行动，对既有的社会建制、体系秩序、公共领域构成挑战[⑤]。

---

① 赫伯特 · 西蒙 . 人类活动中的理性 [M]. 胡怀国，冯科译 . 桂林：广西师范大学出版社 . 2016：23.

② 同上。

③ 汪行福 . “后真相” 本质上是后共识 [J]. 探索与争鸣，2017（04）：14-16.

④ 张志安，晏齐宏 . 个体情绪、社会情感、集体意志：网络舆论的非理性及其因素研究 [J]. 新闻记者，2016（11）：16-22.

⑤ 陈忠 . 从后真相到新秩序：别样共同性及其公共治理 [J]. 探索与争鸣，2017（04）：29-32.

在媒介消费研究领域，由于消费者支出的主要是无形的时间和注意力，跟支付金钱和衡量预算相比较，其在理性上缺乏了必要的压力，对于看似无限的时间和注意力就更难产生绝对需要理性的分析和判断，更多的决策并非基于上帝视角的理性决策，而是基于实践行为中的情境、心理、甚至习惯，因此有限理性的思维在媒介研究领域应该得到更多的重视。有学者认为，在后真相时代，受众心理的极度分化和不确定性是传统传播机制停摆的一个重要原因。他们将后真相时代的受众心理总结为：犬儒心理、从众心理、投射心理、极化心理①。这样的心理使得，大量受众在自主接入传播链条之后的传播业充分发挥了个体非理性的作用，使得舆论生态：一是情感大于事实，二是消解事实成为自媒体的常态②。

对于短视频逐渐成为媒介主流表达着一趋势。喻国明教授认为，书写文字没有太多杂音或附加成分，适合于表达事实性的、逻辑性的、理性的信息，而短视频的构成要素已经远远超出事实、逻辑和理性层面，越来越多场景性因素、关联性因素以及非逻辑、非理性成分，会造成非理性信息的传播。5G 所带来的短视频方式的突起，必然会参与到未来的社会性、关键性、主流性传播当中，这是一个大趋势。而当这种表达方式成为社会表达主要的语言形态时，就会带来一系列问题。面对现在出现的新的表达方式和越来越多的非逻辑、非理性成分，如何进行表达方式的要素配置，如何把握其机制和规律，需要深化研究③。

① 刘宇轩，巢乃鹏．后真相时代的受众心理与媒体策略 [J]. 青年记者，2017（16）：15-17.

② 江作苏，黄欣欣．第三种现实："后真相时代"的媒介伦理悖论 [J]. 当代传播，2017（04）：52-53+96.

③ 喻国明．5G：一项深刻改变传播与社会的革命性技术 [J]. 新闻战线，2019（15）：48-49.

# 02

## 个体的有限理性

经济学家们的模型用虚拟的经纪人代替了真实的普通人，与完全理性的经济人相比，我们人类有很多非理性的行为，所以利用经济学模型做出的很多预测都不准确。

——理查德·泰勒

当人们有足够的权限行使其“非理性”时，“后真相”的出现并不难理解——随着主流媒体的权威消解，人们失去了对基础价值与同一秩序的基本共识，这使得信息传播过程中真相有时变得不再重要，重要的则是情感与观点。后真相时代，真相并没有被篡改，也没有被质疑，只是变得次要了，网民不再相信真相，只相信感觉，只愿意去听想听的和去看想看的东西。于是导致假新闻、谣言以及非理性宣泄等问题甚嚣尘上。个体使用媒介完全取决于是否对自己有用、是否符合自我的价值感知。

莫兰（Edgar Morin）在谈到复杂思维时画了一幅四元示意图：有序、无序、相互作用、组织。从相互作用着的许多微观个体，既可涌现出有序，也可涌现出无序。更常见的是，相互作用的个体可以自发地形成组织（自组织过程），这些组织的相互作用可以导致有序或导致无序[①]。在媒介消费研究中我们也可以借鉴复杂性思维来概括消费者中无序和有序的现状。

### 4.2.1 流动性指向有限理性

获得2017年诺贝尔经济学奖的行为经济学家理查德·泰勒（Richard H. Thaler）在其代表作品《错误的行为》中是如此解释创立行为经济学的出发点的："经济学家们的模型用虚拟的经纪人代替了真实的普通人，与完全理性的经济人相比，我们人类有很多非理性的行为，所以利用经济学模型做出的很多预测都不准确[②]。"国内行为经济学家汪丁丁认为：行为经济学不仅关注"稀缺性"，也不仅关注"不确定性"，而且关注"复杂性"[③]。可以说，近年来经济学界对于行为经济学的重视也说明了更加复杂和不确定的态势彰显了"有限理性"这一概念的适用性。因此，任何以个人为出发点的研究，都不能忽视主体这一逐渐明朗的普遍特性。

如前文所分析，当下的受众状态是流动的，充满了不确定性和复杂性，很多行为表现并不理性，其复杂性和被心理所影响的特征，可以用行为经济学中的"有限理性"去阐释。

在当下的受众关系结构中，富权的受众成为相互之间的信息源、互释人，与传统大众媒体一呼百应的模式相对应的是，每一个非权威的个人，似乎都可以影响到其他人对某一事件的看法，或者增加事实的不确定性，技术的便捷性和扩散性使得这样的不确定很难被纠正。于是，基于社交媒体时代的误读、谣言、群体情绪显得更加突出和强烈。

此外，在使用媒介的时间上，越来越多的人陷入非理性，"低头族"们正在肆意挥霍真正需要珍惜的时间和情景，而急于将并不重要的信息放在了面对面交谈的第二位。为了"永远在线"，我们牺牲了

---

① 汪丁丁，行为经济学要义[M].上海：上海人民出版社.2015：153.

② 理查德·泰勒，错误的行为：行为经济学关于世界的思考，从个人到商业和社会[M].王晋译.北京：中信出版社2017：1.

③ 汪丁丁，行为经济学要义[M].上海：上海人民出版社.2015：6.

面对面的交谈。我们彼此背离，却去亲近手机，我们的心永远都在别处。生活正在因为非理性地使用手机而偏离生活的本质。

### 4.2.2 高权利认知指向秩序诉求

消费行为学领域的关于权力感知对消费者影响研究成果，对媒介消费的研究具有相当大的启发意义——当消费者有控制需求时，他们会在消费环境和选择中寻求多的秩序和结构，越是权力感知强的消费者，越倾向掌控消费的秩序和结构。美国学者卡瑞特（Keisha M. Cutrigh）通过消费者对普通商品选择的研究发现，当消费者处于选择过剩，似乎无法控制自己的生活时，非常简单的边界为获得结构性的秩序提供了一种手段[①]。实验证明，当每个区域的控制感受到威胁时，消费者更倾向标识、产品和环境都更有边界和秩序的产品，而不是那些无界的、无形的或无尽的产品。

媒介消费领域的赋权，也是媒介消费结构化变迁的开始。互联网，尤其是移动互联网，极大地激活了个体及其嵌入的关系网络资源，从社会的底部改变了赋权模式与权力格局。②这种空前赋权的格局，尤其是在信息传播获取和传播权上的空前提高，正如前文所提出的多元的权力身份。成为产销者、拥有自门户、担当互释人。高权力感知的媒介消费者不断调整个体媒介消费的秩序和结构，而这种调整的内在逻辑，正是我们了解研究媒介消费的切入点，它们与媒介机构的生存和发展息息相关。库尔德里也认为“我们仍然需要解释媒介在给我们的生活施加秩序、对我们的社会空间进行组织时的角色”。③在媒介研究者看来，媒介产业面临的逻辑变革，其根本是固有秩序的失衡和新秩序的不可认知。寻求媒介消费中的秩序就是尝试对新秩序的探索。而这也正是我们研究媒介消费的目标。

---

① Keusha M. Cutright (2012), The Beauty of Boundaries: When and Why We Seek Structure in Consumption，*Journal of Consumer Rearch*, Vol. 38, February 2012,775-790.

② 喻国明，马慧，互联网时代的新权力范式：“关系赋权”——“连接一切”场景下的社会关系的重组与权力格局的变迁 [J]. 国际新闻界，2016（10），6-27.

③ 尼克·库尔德利 . 媒介仪式——一种批判的视角 [M] 崔玺译 . 北京：中国人民大学出版社 2016：23.

# 03

# 媒介消费决策的个体动因

当分析维度超越“受众”单一指标时，是否还有其他的解释因素需要被考量，需要探讨非数理统计意义上的行为模型和新范式上的尝试。

——菲利浦·南波利

目前媒介消费相关领域的学者的研究，也越来越从绝对理性的数理模型中走出来，而将注意力放在更为复杂的难以数理化的影响领域中。如同西蒙对直觉模型的阐述，很难实现任何意义上的统计，作者将直觉模型简单地描述为“啊哈”，当然这种“啊哈”是建立在拥有一定知识储备的人身上的。

关于如何更好地理解媒介消费的影响因素和决策逻辑，喻国明教授呼吁范式上的革新。移动互联时代的用户行为已经突破了大众传播学和新媒体研究的基本范畴，而与社会学、认知行为科学、发展心理学等学科研究呈现出融合和交叉的态势。因此，建立一个融合多学科研究方法、考察用户在复杂环境下使用行为的创新研究范式，将成为当下研究媒介接触行为和效果研究的关键要点[①]。南波利（Phillip M. Napoli）

① 喻国明，何其聪，吴文汐. 传播学研究范式的创新：以媒介接触与使用的研究为例——用户媒介接触与使用的研究范式及学术框架 [J]. 新闻大学，2017（01）：85-93+150.

也提出了媒介消费者行为的主要研究方向，建议可以通过研究以下的问题来开始构建下一代的观众行为理论。受众接触与关注率、回忆率之间有多大程度的联系？内容类型、时段、受众统计数字与其他选择之间有多大的关联程度？受众的关注、回忆或者行为反应在多大程度上是可以通过个人与结构化受众与媒介因素来有效预测的？或者，当分析维度超越“受众”单一指标时，是否还有其他的解释因素需要被考量，需要探讨非数理统计意义上的行为模型和新范式上的尝试①。

从非理性的结构来看，有研究者认为，根据非理性因素与理性因素关系的密切程度，可以将非理性因素分为低、中、高三个层次。低层次的非理性因素是指生理本能、生理欲求、习惯、情绪、感受性情感等，与人的本性和生理组织密切相关的非理性因素。中层次的非理性因素是指情感、信念、兴趣、社会欲求等，通过意志、信仰为中介影响理性或受理性影响的非理性因素。这些非理性因素是人类在长期的社会认识、社会实践和社会生活中逐渐形成的。而高层次非理性因素是指意志、信仰、知觉、灵感等与理性接近，影响理性并受理性制约和指导，随理性变化而变化的非理性因素②。

尽管人们对非理性因素有着见仁见智的描述，但比较一致的看法是认为它具有两方面的基本内容：一是存在于人的心理结构方面，包括人的欲望、动机习俗、情感、意志、无意识等心理现象，主要涉及人的行为。二是属于人的认知结果方面包括人的直觉、灵感、顿悟等思维形式，主要涉及人的认识。与理性因素相比，非理性因素具有自发性、冲动性、具体性、非逻辑性等特点。同时还要看到，非理性因素也是社会历史的产物，在社会实践基础上形成和发展，具有一定的社会属性③。

以“非理性人”概念为起点的行为经济学诞生于 20 世纪 90 年代，伴随着经济学理论的深入发展，行为经济学相继问鼎诺贝尔经济

① Philip M. Napoli (2012), Audience Evolution and the Future of Audience Research, *The International Journal on Media Management*, 2012:14,79–97.

② 何颖 . 非理性及其价值研究 [M]. 北京：中国社会科学出版社 .2003：191，226.

③ 唐志龙 . 略论价值观中的非理性因素 [J]. 唯实，2004（03）：4-7.

学奖，并不断展示出强大的解释力。从行为经济学范式看来，构成一个决策主要包括三个方面的要素：决策的情景因素、个体的偏好结构和个体的信念特征，在此基础上不同的学者提出了不同的决策模型[①]。众多决策模型也成为行为经济学的特征之一，从理解行为背后的动因入手研究非理性信息行为的成因与干预机制成为新的研究视野。

关于当下媒介消费最主要的影响因素，学者黄可和柯惠新的研究结果已经有了初步的结论。他们的研究是基于900份问卷调查和15个深度访谈样本而来，研究结论是：个体因素对媒介消费的影响最大，其次是环境和媒介因素，其中最重要的影响来自个人的动力和需求，在不同类型的媒介消费中都持续发挥着作用[②]。

在个人消费因素的研究中，首要的研究框架是OMA分析。OMA分析框架（机会—动力—能力，Opportunity，Motivation and Ability），最早是由麦克因尼斯（MacInnis et al.）和罗斯柴尔德（Rothschild）分别于1991年提出、于1999年完善的，在消费者行为学领域用于分析消费决策的基本前提。在媒介消费研究领域，也有学者将这一框架应用于新闻消费的分析[③④]，强调机会、动力和能力如何在媒介消费决策的过程中发挥重要作用。

在本节的研究中，笔者也引用OMA分析框架，对目前的媒介消费的变迁的机会、动力、能力维度加以分析和阐述。

### 4.3.1 消费机会（O）：利基时空的激活与碎片本质的回归

哈罗德·伊尼斯（Harold A. Innis）在《变化中的时间观念》中认为，时间观念和空间观念在不同的文明中是大相径庭的，即便在同一

---

① 姜涛.偏好结构、信念特征与个体决策模型——基于行为经济学范式的研究综述[J].中南财经政法大学学报，2013（02）：11-18.

② 黄可，柯惠新.本源、动力与核心：媒介消费的影响因素及其作用机制研究[J].新闻与传播研究，2014，21（04）：26-41+125-126.

③ Prior M (2007) Post-broadcast Democracy: How Media Choice Increases Inequality in Political Involvement and Polarizes Elections. Cambridge: Cambridge University Press.

④ Strömbäck J, Djerf-Pierre M and Shehata A (2013) The dynamics of political interest and news media consumption: A longitudinal perspective. International Journal of Public Opinion Research 25(4): 414–435.

文明中，不同的地域不同的历史时期也并非始终一致[①]。以 19 世纪末的美国为例，美国曾同时存在着 300 种地方时间，宾夕法尼亚州的地方时间比巴尔的摩市早五分钟，而比纽约州晚五分钟。直到 1918 年，美国国会才通过将标准时间普及全国的法案[②]。

统一标准时间毫无疑问是一种社会秩序的组织，大众媒介曾经是社会时间的重要组织者。伊尼斯著名的《传播的偏向》从媒介的不同时空偏向出发，分析了不同的传播介质对时间和空间的压缩与改变。同时，媒介也通过这样的偏向，来编织社会生活的"媒体时空"。

人类社会的时间标准，经历了自然时间到仪式时间再到个人时间的变迁，其过程也是社会时间制度力的不断示弱与个人时间影响力的不断增强。就媒介领域而言，传统媒体的出版时间正在不断失去其组织意义。

电子传播时代社会时间的四个特征被描述为：时间意识的无序性、时间利用的碎片化、时间传导的即时性和时间概念的个人化倾向[③]。在笔者看来，这是对从前固定媒介时间的打破，对每个人利基时间的激活。空间也是如此。

美国学者约翰·迪米克（John Dimmick）在他 2010 年的研究中提出：并没有足够的论据证明传统媒介的影响力被移动互联网渠道所替代，而只是移动互联技术的发展占据了和开拓了新的缝隙空间与时间（Interstices in time and space）[④]。在这个研究中，迪米克只将新闻内容分类为：普通新闻、体育新闻和天气资讯，将媒介类型归纳为：多媒体（Multimedia）、手机（Cellphone）、电视（Television）、报纸（Newspaper）、台式电脑（Desktop）、笔记本（Laptop）、广播（Radio），这样粗犷的研究结构并未能探寻出真正的"缝隙"所在，因

---

① 哈罗德·伊尼斯．变化中的时间观念 [M]. 何道宽译．北京：中国传媒大学出版社 2013: 14.

② Harrison J. Cowan, Time and its measurements, Cleveland: The world Publishing Company.1958:45.

③ 金琛，电子媒介的社会时间 [J]，湖北广播电视大学学报 .2008- 28（2）：66-67.

④ Dimmick, J., Feaster, J. C. and Hoplamazian, G. J. 'News in the interstices: e niches of mobile media in space and time', New media & Society, 2010.13: 1, 23–39.

此仍然无法回答，“移动新闻消费是如何跟日常生活纠缠在一起的”这样的终极问题。

如果延续麦奎尔关于受众划分的思路——聚集在某个场所一起观看表演和宗教仪式的称为“古代受众”，而随着大众传媒出现所出现的大众受众为“现代受众”，那么，每个面对自己私人媒介手机或者平板电脑“自我配置”内容、时间、空间的受众，应该是“当代受众”的特征。不同于古代受众受制于场所，现代受众受制于媒介，当代受众正在凭借移动互联技术和绝对私人的终端演进而不受任何时空制约。

当媒介消费基本不受时空限制，终端又掌握在每一个个体手中的时候，媒介消费真正地私人化了，任何从前没有条件被利用起来的碎片时间、角落空间都成了被激活的“利基时空”。

关于“利基”，美国营销大师菲利普・科特勒（Philip Kotler）在定义“利基”（Niche）时说，利基市场就是那些“没有被服务好的、仍有获取利益基础的小市场”[①]。在传播领域，从前技术空白所造成的固定时空消费模式局限了在更多时间和空间中开发受众的时间和注意力，这部分时间和注意力并不是没有被服务好，而是尚未形成市场。跳脱于固定时空之外的利基时空，就是尚未被满足的媒介利基市场，是新型传播关系生长的土壤，同时也是传媒经济新的增长点（见图 4-1）。

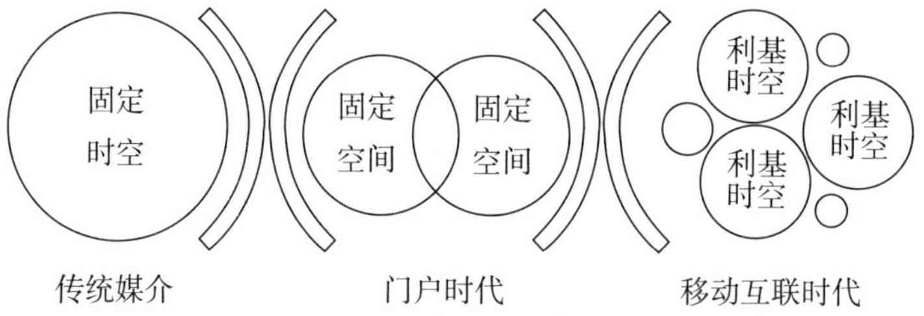


**图 4-1　媒介消费时空变迁**

值得强调的是，利基时空与碎片化并非完全相同。

前文对信息消费的碎片化做过讨论，媒介消费相较于大众传播时

① 菲利浦・科特勒. 营销管理（第十四版）[M]. 中国人民大学出版社 2012：255.

代无疑是碎片化了的，但对于碎片化的反思，笔者更认同韦伯斯特这样的说法“新闻的本质就是碎片化的”（The fragmented-nature of news exposure）[①]。传统媒介内容是以整合方式出售内容产品的碎片集合。

受限于载体和运输，实现传播的组织成为大众传媒组织，而移动互联网使新闻的运输通道回归了需求的本质。并非人们的消费碎片化了，只是消费单位下降了——从集中消费全天新闻，到日常间隙消费差异化兴趣的新闻，以自己的时间和兴趣排列重要性。知名市场研究机构 eMarketer 的报告显示，2017 年美国人每天访问媒体的时间是 12 小时 1 分钟，其中，其中 1/4 以上的时间来自移动设备，而这一数字比 2016 年增长 2 分钟，比 2012 年增长 24 分钟。移动设备媒体使用时间增长的主要动力是“多任务”。2017 年，美国人平均每天花 3 小时 17 分钟进行无声音的移动活动，和 2013 年比增长了近 1 个小时。

事实上，新闻消费单位上的下降，从门户网站就已经开始了，门户网站将单条新闻的选择权交换给消费者，同时保留以排列位置、制做专题等编辑手段对消费者的消费加以引导的媒介功能。而移动互联网时代从购买一整份报纸再挑选自己喜欢的内容，到只点击头条新闻，甚至可以借由今日头条、一点资讯这样的整合资讯 APP 实现制定自己关心的新闻（如图 4-2 所示）。

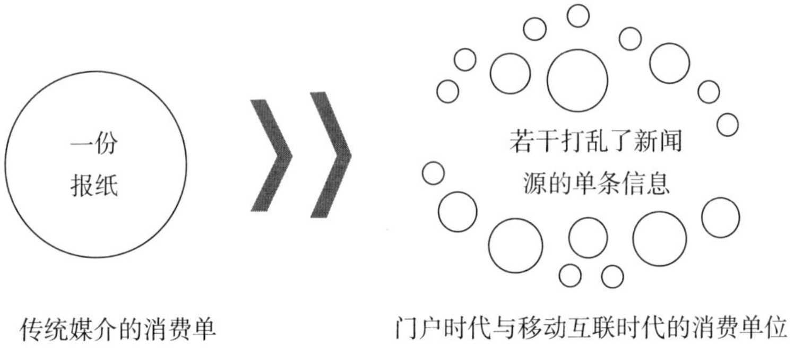


**图 4-2　媒介消费单位的下降**

① Webster, J. G. (2005). Beneath the veneer of fragmentation: Television audience polarization in a multichannel world. *Journal of Communication*, 55, 366–382.

大众媒介时代，人们仍然需要为当天的全部信息“集合”付费，即便你只是被头条新闻吸引，也不得不购买整个“新闻包”，于是传媒单位默认为读者以天、以份为单位消费新闻。个人化的信息消费机制兴起之后，消费者可以只看一条资讯，只看电视剧中的某一集，甚至只看某个引起话题讨论的短视频。

信息消费的单位在下降，频率在提升。总体来说，信息消费是有了更多可以渗透的市场——根据美国南加利福尼亚大学 2013 年发布“媒介消费量使用报告”。美国人 2008 年每人每天浏览 33 吉字节，媒介使用时间 11 小时。这一数字到了 2012 年提升了近一倍（约 63 吉字节），媒介使用时间延长近 3 个小时，达到 13.6 小时，当时报告预测 2015 年每个人日均媒介的使用时间是 15.5 小时。但这一数字几乎是 8 小时睡眠之外的全部时间，显然媒介消费时间是有极限的。从前即便这些时间可以闲暇，可以利用，也并非传播所能抵达，而技术的应用已经让媒介使用时长的数字逼近极限。因此从整个市场来看，利基时间的大幅利用，其结果是整体市场规模的扩大。

因此媒介消费的碎片化，并不意味着市场的萎缩，而恰恰是利基时空被激活后媒介总消费增加的契机。唯一对媒介生产者发出挑战的，是消费者的消费自由度正在从媒介编排的时间空间线，流向个人的时空准则，媒介商品是否能在对的时间、对的地点找到对的目标受众，是否继续持有影响力的关键。

### 4.3.2 消费动力（M）：从媒介仪式到嵌入日常

尼克·库尔德利（Nick Couldry）对“媒介仪式”（Media Rituals）的定义是：“媒介仪式是围绕关键的、与媒介相关的类别和边界组织起来的形式化的行为，其表演表达了更广义的与媒介有关的价值，或暗示着与这种价值的联系。”简言之，“媒介仪式指任何围绕关键的、与媒介相关的类别和边界组织起来的行为”。[①]

---

① Nick Couldry. Media，Society，World，Social Theory and Digital Media Practice [M]. Polity Press.2012：33.

库尔德利是从政治经济学角度一个对媒介仪式持批判态度的人，他提出了“关于媒介化中心的迷思”（the myth of the mediated center）[1]，这一观点或假设认为我们的社会有一个中心，并且，从某种意义上讲，媒介代表那个中心发言。

我们把电视、广播和报刊（越来越多的是互联网）当作社会的中心，接受其占据我们生活的合法性，这些观念完全植根于这一迷思。如果符号权力是社会认可的“构建社会真实的权力”，那么我所批判的这种迷思可以有另一种表述：我们对符号权力集中于媒介机构是合理的这一观念的接受。我敢断言，媒介仪式正是这种假定的合法性得以复制的关键机制。

从媒介经济层面，“媒介仪式”的存在，是媒介消费行为的重要组成部分，在以大多数人为目标，以最大化注意力为诉求的大众传播时代，媒介仪式的存在具有巨大的经济意义，是媒介生产者对媒介消费者的基本期待。但当下的大媒介使用状态显示，媒介收视行为正在“仪式”和“习惯”两者之间发生微妙的转变。

媒介仪式的内涵在最初的辨析中，存在着一定的时代局限。库尔德利媒介仪式的观点提出于2002年，他最初是从人类学的角度里，提取“仪式”的意义，并阐述了三种仪式的内涵：一是习惯性的行为。任何习惯或重复的模式，无论其是否有特殊的意义。二是形式化的行为。例如，在某一文化里对餐桌有规则且有意义的摆放方法。三是涉及某种更广义的价值观行为。比如圣餐，在基督教中它包含着与终极价值——上帝——直接接触的意味。库尔德利在将仪式与媒介相结合时说道：“第一种解释没什么意思；有时候在日常用语里，我可能谈到下班回家我总是先喝上一杯，并吃点零食这一‘仪式’，而第二种形式化行为和第三种价值观行为更适合来表述受众对媒介的接收

① Nick Couldry. Media，Society，World，Social Theory and Digital Media Practice [M]. Polity Press.2012：2.

习惯。”

在2002年，这一内涵的解释具有形象和准确的意义，但是自从2007年智能手机的逐渐普及之后，我们不得不重新审视这一概念演绎的准确性。显然，被库尔德利认为“没什么意思”太“日常”的第一种概念：习惯性行为，正在成为移动媒介消费者的日常，具有“习惯”“重复”的特点，之前所谓的仪式感、特殊意义正在因为其接触机会的日常化而不断被消解。

近年来，关于媒介消费行为是如何嵌入日常生活的研究逐年增多。因为大众传媒资源的垄断，话语权和发布权的垄断，大众媒介曾经约等于一种权威，接近媒介约等于一种仪式。但当下的媒介消费可以随时随地，甚至自由转发和评论，行为更具有随意性，其权威感也日益模糊，人人皆可解读的信息源加上自由散漫的消费形式，造成了媒介消费更多的是一种无意识消费，是默认生活中的一部分。一位英国教师曾在采访中描述过，要禁止学生把手机带进考场有多困难：“因为问题在于，对今天的孩子们来讲，手机是他们生活中当然要携带的物品。在他们看来，手机几乎是日常着装的一部分，穿戴整齐、揣好手机，才是着装的完毕，他们甚至没有意识到携带手机是一个刻意的行为，并不是一个特别的存在。”[①] 当人们认为使用媒介、甚至随身携带媒介工具是日常生活的一部分时，其仪式感正在消解，习惯感正在上升。

那么人们日常花费时间和注意力来消费媒介上的信息，是为了什么？其消费的动力在哪里？什么原因吸引消费者不断地去消费？

如果说传统媒介是获知信息的唯一渠道，那么越来越互动和多元的媒介选择带来的是整体媒介消费行为价值感的变迁。韩国学者的一项基于全国性在线调查的研究[②]，关注与人们在社交网站上进行新闻

---

① 转引自《独立报》2005年4月16日刊载的一篇新闻《考试作弊的小学生增多》作者是理查德·加尔德纳（Richard Gardner）.

② Jihyang Choi.Why do people use news differently on SNSs? An investigation of the role of motivations，media repertoires，and technology cluster on citizens' news-related activities，Computers in Human Behavior，2016（54）.249-256 .

消费的动机和目的。研究通过聚焦三个社交网络上常见的新闻消费行为：新闻阅读、新闻发布和新闻支持（news reading，news posting，and news endorsing）来揭示不同消费行为的内在动力。研究结果表明，每种类型的新闻活动都可能源于不同的动机、媒体习惯和技术集群。例如，“获得认可”的动机被认为是新闻发布的重要驱动力，而它并不是新闻阅读和新闻支持的重要预测因素。另外，“娱乐”的动机与新闻阅读和新闻支持有积极的联系，而不是新闻发布。而那些拥有互联网新闻节目的人更有可能参与新闻活动，那些拥有许多移动设备的人则更频繁地参与新闻阅读。

施罗德在 2011 年的研究中提出了消费者媒介消费的“价值”维度（worthwhileness），2016 年他又将“价值”进一步论述，作为媒介消费者从“新闻超市”（supermarket of news）中挑选消费内容的衡量标准[①]。关于“价值”的七个衡量维度，他做了如下的描述：

1. 时间消耗：在方便的情况下是否觉得花费在这个媒介上的时间通常是值得的。

2. 公众关联：包括大众关联 - 不断对照和确认自己的身份；以及私人关系的关联。

3. 标准压力：你使用的媒体是否在你认为重要的人物那里一样受欢迎。

4. 参与潜质：对这个媒介内容的消费是否有助于你对自己生产内容的建设。

5. 价格：价格可以承受并且觉得物超所值。

6. 技术吸引：是对智能数字产品的即时互动感兴趣，还是更青睐于电视文本，抑或是杂志纸张带来的光泽感。

7. 情境切合：媒介必须符合使用者的时间和地点，比如开车过程中广播是最合适的，通勤车上阅读报纸是个不错的选择。

---

① Kim，S. J.（2016）. A repertoire approach to cross-platform media use behavior. *New Media & Society*. MAR 2016，18 3，353-372.

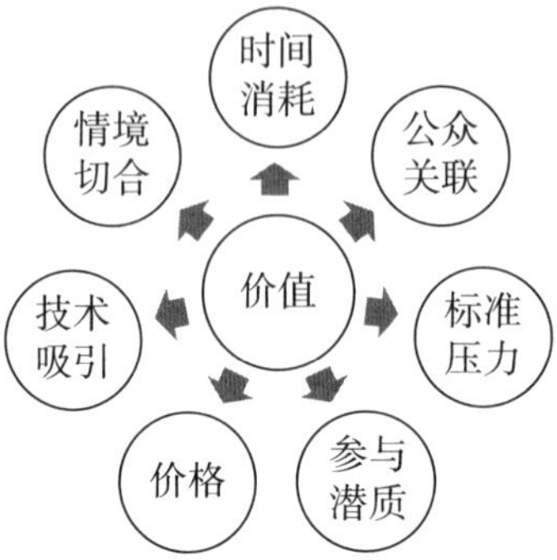


图 4–3　媒介消费衡量价值的七个维度

如果顺应施罗德“新闻超市”的说法，那么可以说，新闻信息是不断被生产和摆放进入超市货架，但是每一个走进超市的客人手里的购物清单却不相同。每个人都倾向消费那些符合预算（时间）、符合身份设定（关系）、满足参照标准（品质）、符合运载能力（载体）的商品来满足使用的需求。但在媒介消费视野里，选择的内容是对自己时间预算的分配、对身份关系的确认、对载体的体验感和对情景的不干预。所有满足这种价值的商品就促成消费，成为消费者不断消费的动力。

## 4.3.3 消费能力（A）：媒介菜单与媒介啮合

米尔佐夫原则（Mirzoeff Principle）告诉我们：当人们作为消费者面对很窄的选择面时，行为确实会趋同。当媒体频道有限，生产成本很高时，对兴趣的反应也就受限。当人人都可以成为媒体，媒体又帮助协调从前的受众时，兴趣爱好的排列组合便会让人眼花缭乱。这些关注于个人的兴趣和兴趣支配消费行为的“排列组合”的媒介菜单（media repertoire）是近几年媒介研究的新视角。

最早使用菜单（repertoire）概念的研究是来测试媒介使用者，尤其是电视观众——如何从众多频道中选择形成自己的频道菜单（channel repertoires）。早期电视频道，观众的选择十分有限，随着有线电视的出现，研究发现了预测节目的大小和组成的因素，比如有线电视订阅、观众背景特征或生活方式、电视观众的动机或态度。近年来媒介菜单的研究，力图描绘个人媒介使用在节奏上是怎样的一副图景，研究者们扩展了“菜单”的含义，用来概括人们在日常的跨媒介使用中，从丰富媒介渠道而不只是频道中选择的个人媒介消费的行为。也有学者将概念扩展至“信息菜单”（information repertoire），信息菜单的概念表明，个人倾向使用一系列的不同的信息源（例如电视、报纸、人际沟通）去获取他们感兴趣的某一方面的信息。使用者不仅积极地选择多信息渠道，也会自主确定某一方面的信息会固定使用哪几个信息源上[①]。后续有研究也表明，个人因素（例如兴趣、动机、满足感、习惯）与结构性因素（例如受众可支配时间、技术可得性）都可以用来判断媒介菜单的规模和组成[②③]

另外一个与此类似的概念是“媒介家具”或者“媒介组合”（media ensembles）[④]，研究者将多种媒体的使用渠道形容成媒介使用者面对的“组合家具”，它们同时存在、功能不同，供媒介消费者根据需求随时选取和使用。两个概念相对比，媒介菜单更倾向于个人消费者对媒介消费的配置行为，媒介家具更倾向于个人消费者所面对的媒介组合。本文更倾向于讨论“媒介菜单”的内在规律，但同时也会积极引用“媒介家具”的概念用来阐述丰富选择权的媒介渠道状态。

一系列以媒介菜单为核心的探讨媒介使用研究方法，有以下一些特征[⑤]：一是使用者中心视角（User-centered perspective）。二是整体性（Entirety）。三是关系性（Relationality）。

---

① Reagan, J.（1996）, The repertoire of information sources. *Journal of Broadcasting & Electronic Media*, 40, 112-121.

② Yuan, E. J., & Webster, J. G.（2006）. Channel repertoires: Using people meter data in Beijing. *Journal of Broadcasting & Electronic Media*, 50, 524-536.

③ Kim, S. J.（2016）. A repertoire approach to cross-platform media use behavior. *New Media & Society*. MAR 2016, 18 3, 353-372.

④ Hepp A. and Hasebrink U. Human interaction and communicative figurations: The transformation of mediatized cultures and societies. In: Lundby K.（ed）Mediatization of Communication. Berlin: de Gruyter.2014: 249-272.

⑤ Hasebrink U and Domeyer H（2012）Media repertoires as patterns of behavior and as meaningful practices: A multimethod approach to media use in converging media environments. *Participations: Journal of Audience & Reception Studies* 9（2）: 757-783.

无论是对信息源的形容还是对媒介形式的比喻，研究者们都将媒介消费者置于中心，将媒介消费能力的空前提升置于研究的前景加以讨论。在这样的视域下，众多学者在研究新闻消费行为时，将新闻受众区分为新闻寻求者（news seeker）和新闻回避者（news avoider）。显然在新闻消费这个框架内，消费者不但具有“挑选”的能力，还具有主动寻求和主动规避的能力。

媒介消费的过程，损耗的是时间和注意力，获得的是媒介信息。

媒介消费与商品消费最大的区别在于，商品消费是以货币换取商品使用价值的过程。交易物可支配货币的总量会在收入增加、需求增加等外在情况的改变下增多或减少，不同的消费者由于其经济状况的不同，在消费预算上也会有所区别。因而商品消费研究的是，如何能在尽量多地刺激消费，提高在某商品上的预算以获得利润。而媒介消费最大的特殊性在于：每个人每天在媒介消费的时间成本都是一致的、等同的、很难改变的。某种程度上说，是媒介消费的边界所在。

如同上文提到的，对个人每日媒介消费 15.5 小时的预测，基本上也很难继续拓展。那么如何在每日 16 小时的极限时间能争取多一秒的时间和有效注意力，就成了媒介消费研究的根本。

时间有限，注意力有限，不同媒介之间的竞争很容易被看作一场零和博弈，不同媒介形式之间具有巨大的替代关系。有学者提出媒介消费的预算是时间，时间预算（time budget）与经济学里的收益预算（income budget）在个人的消费计划里分配方式是一样的[①]。另有研究也证实了，工作与休闲活动之间的时间分配影响了人们的各种媒介消费行为，包括印刷媒体、广播媒体和在线媒体[②]。但研究的巨大缺憾是对移动媒介、社交媒介的使用尚未有定论。移动媒介和社交媒介的使用则恰好是媒介市场边界拓展的另一个维度，使得媒介消费的“共有时间”进入研究视野。

---

① Jackel, M. and Wollscheid, S.（2007）, Time is money and money needs time: A secondary analysis of time-budget data in Germany, *Journal of Leisure Research*, 39: 1, 86-108.

② Zhang, X. and Ha, L.（2015）, ‘Time budget, news search time cost, and news media choice’, *Time & Society*, 24: 2, 201-209.

以具有普遍性的行为来看，电视成了与其他媒介最频繁共用时间的媒介，关于共时性媒介的研究很多，可见看电视同时看手机、更新社交媒体的现象，早已成为常态。很具代表性的就是春晚与社交媒体的同步使用，据统计，2017 年春晚，在 1 月 23 日至 1 月 31 日期间，九大电视台 / 网参与的“微博春晚大赏”品牌活动，共发起七场春晚直播，观看人次超 7300 万，晚会相关短视频播放量超 68 亿，用户发博量超 6991 万，话题阅读累计达 280 亿，微博互动总量超过 2.2 亿次。几乎成了一种新的、具有时代意义的媒介现象。有学者据此提出“第二屏幕”（second screening）的概念[①]，以指代移动端在传统媒体的电视之外作为补充的终端角色。然而至 2014 年的研究表明，第二屏幕在现实中已经成了媒介消费行为中的“第一屏幕”[②]。两种媒介同时存在共时消费的现象，被韦伯斯特称为媒体啮合（media meshing）[③]。其普遍性证实了，消费者不但在时间空间上具备了自由消费的能力，甚至在通过啮合消费的行为制造媒介消费的共时现象。

**表 4–1　不同时代媒介消费的 OMA 对比**

| | 大众媒介时代 | 移动互联网时代 |
|---|---|---|
| O（消费机会） | 媒介固定空间 | 个人利基时空 |
| M（消费动机） | 媒介仪式 | 日常习惯 |
| A（消费能力） | 媒介菜单 | 个人菜单 |

综上所述，媒介消费者在消费机会从过去的媒介时空，向个人利基时空变迁。在消费动力上，从媒介仪式过渡到日常习惯。在消费能力上，从跟随媒介菜单演变为制定个人菜单。

---

① Doughty, M., Rowland, D., y Lawson, S.（2012）. *Who is on your sofa? TV audience communities and second screening social networks*. Proceedings of the 10th European conference on Interactive TV and video—EuroiTV.79-86.

② Días, P. y Teixeira-Botelho, I.（2014）. Is the Second Screen becoming the First? An exploratory study of emerging multi-screening practices. Proceedings of the International Conference on Computer Graphics, Visualization, Computer Vision and Image Processing. Lisboa, 15-19.

③ 詹姆斯·韦伯斯特 . 注意力市场：如何吸引数字时代的受众 [M]. 郭石磊译 . 北京：中国人民大学出版社 2017：202.

# 04

# 媒介菜单式的个人信息系统建构

关于媒介使用者如何选择媒介的研究。媒介菜单（media repertoire）是近几年来的新视角。最早关于“菜单”的研究发源于电视研究。近些年的“媒介菜单”力图描绘个人媒介使用在节奏上的图景，研究者们扩展了“菜单”的含义，用来概括人们在日常的跨媒介使用中，从丰富媒介渠道而不只是频道中选择的个人媒介消费的行为[①]。另外一个与此类似的概念是“媒介家具”或者“媒介组合”（media ensembles），研究者将多种媒体的使用渠道形容成媒介使用者面对的“组合家具”，它们同时存在、功能不同，供媒介消费者根据需求随时选取和使用[②]。两个概念相对比，“媒介菜单”更倾向于个人消费者对媒介消费的配置行为，“媒介家具”更倾向个人消费者所面对的媒介组合。一系列以“媒介菜单”“媒介家具”为核心的探讨媒介使用研究方法，具备以下一些特征：一是使用者中心视角。二是整体性。三是关系性。强调个人使用者在面对媒介环境整体时的行为选择权。

---

① Hepp A and Hasebrink U.（2014）. *Human interaction and communicative figurations: The transformation of mediatized cultures and societies*. In: Lundby K（ed）Medialization of Communication. Berlin: de Gruyter.pp.249-272.

② Hasebrink U and Domeyer H.（2012）. Media repertoires as patterns of behavior and as meaningful practices: A multimethod approach to media use in converging media environments. *Participations: Journal of Audience & Reception Studies* 9（2）: 757-783.

如前文所述，“下一代互联网用户”[①]最重要的特征，就是对媒介资源的“自我配置”。“一些人比其他人更擅长利用技术满足他们的利益和需求。因此，对不同年龄阶段的人来说，都有成为“下一代用户”的可能，区别的实质是其创新地重新配置了技术渠道，创造了新的数字鸿沟。

移动互联网和移动智能终端的普及，让人们的媒介使用大大脱离了时间与空间的限制，媒介消费变成了一项几乎可以发生在任何时间、任何地点的按需（on-demand）活动。

罗森格伦（Rosengren）提倡将媒介使用模式置于社会环境（social milieu）之中加以考察。他认为，个体特征与个体所处环境的结构性特征共同对媒介使用的行为模式产生影响。其中，由个体特征所决定的行为模式叫作生活方式（ways of life）。在同一个社会里，年轻人与老年人、男性与女性、蓝领工人与知识分子都有着不同的行为模式。由结构性特征所决定的行为模式叫作生活形式（forms of life）。工业社会与农业社会的成员有不同的行为模式，大城市与乡镇的居民也有不同的行为模式。日常生活是生活形式与生活方式的混合（mixta composita），个体特征与结构特征共同对人的行为模式产生作用[②]。

运用更广泛的是吉登斯（Giddens）的结构化理论（structuration）。行动者可以自发地选择结构所提供的资源来满足自身需求，但是其选择的过程往往受到结构的限制；他们在实践中形成的媒介使用习惯也会反过来影响他们的行为，这个过程就是惯例化（routinization）[③]。韦伯斯特（Webster）在吉登斯“结构二元性”的基础上提出“媒介二元性”，阐释媒介消费者与结构的相互影响。正是在个体因素和结构性因素的双重作用下，才产生了现有的消费模式，而这里的结构性因素既包括外在环境加之于个体的，也包括个体在实践中逐渐形成的

① 马克·格雷厄姆，威廉·H. 达顿. 另一个地球——互联网 + 社会 [M]. 胡泳等译. 北京：电子工业出版社 2015：25.

② ROSENGREN K E. Substantive theories and formal models Bourdieu confronted[J]. European Journal of Communication，1995，10（1）：7-39.

③ 安东尼·吉登斯. 社会的构成 [M] 李康，李猛，译. 北京：生活·读书·新知三联书店，1998：2.

惯例。

2020年，笔者所在团队的一个研究[①]以媒介菜单为研究对象，运用主成分因子分析的方法，在不同媒介产品之间建立共现联系，研究发现移动互联网产品使用的七种主要模式，分别是工具型、社群型、游戏型、泛娱乐型、资讯型、短视频型和实惠型。结果显示，功能并非媒介菜单聚类结果的唯一解释，除了游戏型和短视频型外，其他五类菜单中都包含了不同功能定位的产品，例如工具型里包括社交（微信）和购物（淘宝、京东）软件，社群型里包括社交（微博、QQ空间）和视频（哔哩哔哩）软件，实惠型里包括购物（拼多多）和资讯（趣头条）软件。由此可见，虽然人们总是根据自身需求来配置自己的媒介菜单，但是他们所依据的并不是新媒介产品给自己定位的功能，而是用户心中赋予其的功能价值。这就是用户定义的媒介菜单（user-defined media repertoires）。

对各类媒介菜单的代表性用户进行比较，发现每种菜单的重度用户在性别、年龄、教育水平和城乡分布上都呈现不同特征。研究进一步通过logistics回归，分析各种菜单的影响机制，发现年龄、性别、教育水平、家庭年收入、婚姻状况、移动互联网使用习惯、城乡分布这些个体与结构性变量均对媒介菜单的偏好产生显著影响。

媒介菜单研究强调个体消费者在面对媒介整体环境时的选择权，但同时也承认个体的选择受到种种自身与外在因素的影响，所以媒介菜单不是一成不变的，它会随着人们生活阶段、工作状态、家庭构成乃至媒介市场的变化而发生改变。因此，看似随时随地、随心所欲的媒介消费，其实受到许多结构性因素的制约。人们利用丰富的媒介产品来满足个人需求，但“各取所需”中的“需”，其实也是被结构所形塑的结果。厘清这一点有助于回答为什么异质性的受众中存在同质性的媒介菜单的问题，也有利于增进对移动互联网时代的受众及其选择性媒介使用行为模式的理解。

---

① 喻国明，杨颖兮，曲慧.移动互联网使用的七度划分—媒介菜单的视角[J].西安交通大学学报（社会科学版）2020，40（04）：136-145.

# 第5章

# 观念边界

“媒介观”一直是现代传播研究中的一个重要概念，受众使用何种媒介，如何使用媒介及采纳媒介传播中的何种信息，都与媒介观念相关。当下的媒介使用模式并没有单一集中到任何一个理论框架中，个人因素与媒介结构因素共同作用，来左右和制约媒介使用的现状。

01. 媒介观与价值观

02. 价值认知的群体边界

03. “媒介世代”的形成

04. “数字原住民”的秩序与悖论

# 01

## 媒介观与价值观

价值观是一种外显的或内隐的，有关什么是“值得的”（desirable）的看法，它是个人或群体的特征，它影响人们对行为方式、手段和目的的选择 。

——克拉克洪

麦克卢汉在提出“媒介是人的延伸”的同时也论证“延伸人体的都是媒介”，不仅包括报纸与电视，还包括斧头与车轮。这一曾经毁誉参半的“泛媒介论”，在当下的传播学研究视域中有必要被重新审视。媒介观与媒介价值观变迁研究，是当下传播学研究亟待解决的根本性、前置性问题。

受众如何定义媒介，是“媒介认知”，是“媒介观”，是对整体信息系统的理解和采纳。“媒介观”一直是现代传播研究中的一个重要概念，受众使用何种媒介，如何使用媒介及采纳媒介传播中的何种信息，都与媒介观念相关。早在 20 世纪 60 年代，有社会学者在关于现代性的研究中已经不断涉及“媒介观念”，将媒介观置于媒介使用与接触行为之前。随后的 70 年代，我国台湾地区学者曾也将“媒介观”作为受众现代性研究中的变量之一加以考察。

受众如何选择媒介，是“媒介选择”、还是“媒介价值观”，均是对不同媒介的价值感知。作为社会科学领域里的重要概念，“价值观”在不同的研究中有着不同的诠释，文化人类学家克拉克洪（Kluckhohn，C. K.）认为：价值观是一种外显的或内隐的，有关什么是“值得的”（desirable）的看法，它是个人或群体的特征，它影响人们对行为方式、手段和目的的选择。而“媒介价值观”，就可以理解为，在个人理解的媒介系统基础上，对什么媒介是“值得的”的基础观念。对这一观念的重视，在传播秩序更迭的后大众时代意义尤为重大。正如美国学者桑德拉（Sabdra，J.B.）和罗杰斯（Loges，W.E.）所说：“每当人类社会面临巨大社会变迁所带来的广泛而深入的不确定状况时，讨论就必然转向价值观。”媒介研究领域也正面临这样在广泛而深入的不确定时期，回归源头上讨论基本共识的研究转向。

霍夫斯泰德（Geert Hofstede）提出，一个人的价值标准可以区分为想要的（the disired）和应该要的（the desirable）两种价值观方向上的微妙不同[①]。鲍曼（Zgment Bauman）也认为，需求是稳固的，但欲望是流动的、无穷无尽的[②]。这些都决定了关于“价值观”的研究是潜在、复杂性、难以简单量化的，需要多学科要素的考量和共同构建。而对于受众立场上的媒介价值观研究，社会性媒介认知偏向是研究基础，个人媒介菜单的选择是观念的表征。

媒介观研究一直以来都有着两个截然不同的趋向，其一是媒介学术研究立场上的媒介观研究，其二是对受众如何理解媒介的受众媒介观研究。两者之间的分野，也是媒介观研究范式区别的逻辑起点。

出现在媒介思想史和媒介文化研究领域，例如将保罗·莱文森的媒介观概括为“三论、两观、一反叛”[③]，指代他的“媒介进化论”下的三个子理论：媒介人性化趋势、补偿性媒介理论和知识进化三阶段论；媒介进化知识观和媒介乐观主义，以及他对媒介环境学派初始思

---

① Hofstede，G.（2001），Culture’s Consequences：Comparing values，Behaviors，Institutions and Organizations across Nations. Thousand Oaks CA：Sage，2001：19.

② 齐格蒙特·鲍曼.流动的现代性[M].欧阳景根译.上海：上海三联书店.2002：3.

③ 史林静.保罗·莱文森媒介观：技术进化视野下的“离经叛道”[J].传媒，2017（16）：62-64.

想的反叛。将凯尔纳的媒介观总结为“情境偏向与受众中心”[①]。麦克卢汉的媒介观是“媒介是人体的延伸”。凯文·凯利的媒介观可以概括为“技术是思维的延伸”[②]。海德格尔认为“媒介即工具，中介即遮蔽”[③]。而社会系统论的提出者卢曼认为媒介用来保持交流的接续，不同的系统都有各自的“媒介”——政治这种社会系统是以“权力”作为媒介来确保交流的接续的。“家庭”这种社会系统是以“爱”作为媒介确保交流的接续的；“经济”这种社会系统是以“货币”作为媒介来确保交流的接续的[④]。而在伊尼斯那里，不同阶段，文明曾有不同的主导媒介，比如泥版、莎草纸、羊皮纸和支行，纸张先用碎布后来用米浆生产。每一种媒介对其处理的文字都有独特的意义，都有其对应的知识垄断类型；知识垄断被构建起来以后，就会摧毁适合创意思维的条件，于是一种媒介就被一种新媒介取代，新媒介又构建特有的知识垄断[⑤]。

受众，一词在媒介化社会的今天逐渐被用户所取代，但在这里我们有必要区分受众与用户这两个概念。著名受众研究学者索尼娅·利文斯通（Sonia Livingstone）认为，用户与使用有关，但“使用”这个词并无特殊意义，也不包含什么传播学的色彩，而“受众”是包含着复杂意义的符号系统，也包含着社会学层面的意义。“受众”在社会学层面的意义很复杂，受众可以是年轻人、老人，黑人、白人，中国人、美国人、英国人等。受众是复杂的社会学与复杂的符号学在传播学框架中的结合[⑥]。

① 蒋晓丽，郭旭东.被遮蔽的表征——“第三学派”视域下的凯尔纳媒介观[J].湘潭大学学报（哲学社会科学版），2017，41（05）：137-141.

② 赖黎捷，李明海.从“人体延伸”到“思维延伸”：麦克卢汉与凯文·凯利技术哲学述评[J].重庆师范大学学报（哲学社会科学版），2014（06）：99-105.

③ 戴维·J·贡克尔，保罗·A·泰勒.海德格尔论媒介[M]吴江译.北京：中国传媒大学出版社 2019：27.

④ 樱井芳生，李卓钧.卢曼社会系统论中的媒介观简介[J].新闻与传播评论，2010（00）：49-55+235.

⑤ 哈罗德·伊尼斯.变化中的时间观念[M].何道宽译.北京：中国传媒大学出版社 2013：133.

⑥ 吴世文，薛丹，姚飞.关于受众研究的辩证思考——伦敦政经学院索尼娅·利文斯通教授访谈[J].青年记者，2020（06）：28-30.

受众媒介观，将研究对象指向受众群体，认为受众使用何种媒介，如何使用媒介及采纳媒介传播中的何种信息，都与媒介观念相关[①]。受众如何认识媒介，是对整体信息系统的理解和采纳的前提。有研究认为受众价值观是指在新闻传播活动中，新闻传媒具有能为人们提供鲜为人知的、具有新闻特质的新信息、新知识，能够满足受众由社会交往所引起的认知需求而具有的客观价值在受众头脑中的反映。是促使受众接近传媒、获取传媒、欣赏传媒、享受传媒的内在驱动力。受众价值观，是调节受众接触传媒行为，决定受众同传媒关系疏密的意向观念，是体现受众本位的核自内容[②]。

---

① 卜卫．传播学思辨研究论 [J]. 国际新闻界，1996（05）：31-35.
② 陈崇山．受众本位论 [M]. 北京：社会科学文献出版社 2008：1，3，6.

# 02

# 价值认知的群体边界

“媒介认知”与“媒介观”一直是现代传播研究中的重要概念。本节基于先前的相关研究，基于 2019 年全国居民媒介接触与媒介观大型调查来探寻全民性的媒介认知状况，并在宏观上分析媒介认知的偏向会受到哪些社会性结构因素的影响。

## 5.2.1 研究设计与数据收集

主体的认知、尤其的价值认知是复杂和难以简单测量的，但也并非无迹可求。施罗德曾在研究中提出用户关于新闻媒介“价值”（worthwhileness）选择的七个标准[①]，他认为这是用户逻辑上选择媒介的基本维度，包括：①时间价值（time spent）。②社会联系（public connection）。③规范压力（normative pressure）。④参与潜质（participatory potential）。⑤价格（price）。⑥技术吸引（technological appeal）。⑦情景适切（situational fit）。在本次调查中，我们借鉴了施罗德的 7 项“价值”选择的标准。需要说明的是，在实际调查中依据全民调查中被访者的理解能力，我们修改了部分学术指向的措辞：第一，“规范压力”，具体指向周围人群的态度对使用者造成的压力，在问卷中指向更为通俗的变量表达“他人认同”。第二，“参与潜质”在

① Kim Christian Schrøder（2015）News Media Old and New，Journalism Studies，16：1，60-78.

施罗德关于新闻消费的详细解释中，指的是某些用户通过获取和分享信息成为内容传播的活跃者，并获得“更有见识”的体验感。但在此次不仅针对新闻，而是更为宽泛的媒介调查而言，我们将这一指标修结合更为广泛的指向修改为“获得知识并应用于生活中”，指向“知识价值”。

此外，我们根据调查前期的文献梳理、资料分析和用户访谈，提炼影响用户选择媒介的“价值”认知之外的其他两个层面上的认知：功能与特质，并补充了相关指标，由此拟合出以下的用户的媒介选择行为中关于媒介认知偏向的一套指标体系——基于用户逻辑的媒介认知的三个维度：价值认知、功能认知与特质认知测量体系（见表 5-1）。

**表 5-1　媒介认知偏向的变量建立与问卷表述**

| 认知维度 | 变量 | 问卷表述 | 选择方式 |
|---|---|---|---|
| 价值认知 | 时间价值 | 花在这个媒介上的时间通常很值得 | 多选 |
| | 社会联系 | 这个媒介让我保持跟社会之间的联系 | |
| | 他人认同 | 这个媒介在我的同龄人那里很受欢迎 | |
| | 应用价值 | 我能从中学到知识并应用在生活中 | |
| | 价格 | 这个媒介价格适中，物超所值 | |
| | 技术吸引 | 这个媒介的特有技术十分吸引我 | |
| 功能认知 | 信息 | 用来获得各种有价值的信息 | 选三排序 |
| | 娱乐 | 用来在合适的时间放松和娱乐 | |
| | 社交 | 用来跟朋友同事、同学互相交流 | |
| | 表达 | 用来表达自己的观点和意见 | |
| | 分享 | 用来个人展示和发布作品 | |
| | 记录 | 用来实时记录生活 | |

续表

| 认知维度 | 变量 | 问卷表述 | 选择方式 |
|---|---|---|---|
| 特质认知 | 真实性 | 真实客观的 | 选三排序 |
| | 安全性 | 隐私安全的 | |
| | 实用性 | 实用专业的 | |
| | 有趣性 | 新鲜有趣的 | |
| | 方便性 | 简单方便的 | |
| | 优质性 | 内容优质的 | |
| | 流行性 | 大家都用的 | |
| | 先进性 | 技术先进的 | |
| | 美观性 | 设计美观的 | |
| | 互动性 | 互动感强的 | |
| | 廉价性 | 便宜免费的 | |
| | 身份性 | 体现身份的 | |

值得提出的是，施罗德所提出的第七个影响媒介选择的价值指标“情境适切”，是一个相对复杂的系统，这一价值指标与“利基时空”的媒介消费理论有重合的部分，因此本次调查将二者相结合建立了一套测量情景适切的指标体系用于单独的测量和研究，此研究中仅采纳前六项基于媒介本身价值特质的指标。

本次调查的开展时间为 2019 年 7 月 5 日至 7 月 30 日。调查采取多阶段抽样的方法，参考 CNNIC 最新的第 43 次《中国互联网络发展状况统计报告》中的城乡结构、性别、年龄段和学历，对本次调查进行抽样设计。由专业调查公司的工作人员通过平板电脑辅助开展社区随机访问，共计在 45 座城市发放 4968 份问卷，其中有效问卷 4631 份，成功率约为 93%，问卷平均完成时间为 20 分钟。受访者中男性占比 52.6%，城镇居民占比 73.1%，受访者年龄在 14 岁至 70 岁（M=33.4，SD=13.45），目标占比与实际占比差额控制在 1.1% 以内，基本能够反映我国网民群体情况。

本研究采取了以下研究方法：

1. 描述统计。基于抽样调查的结果，我们将全民关于媒介认知层面的价值认知关键词、功能认知关键词、特质认知关键词做如下的总结，这些关键词、功能与特质描述组成了当下“全民媒介认知”的图谱。

2. 相关性分析（Pearson）与方差（ANOVA）分析。在统计对媒介认知的影响因素研究上，我们先后使用了相关性分析（Pearson）与方差（ANOVA）分析的统计方法，首先找到各要素的正负相关影响性，再对不同因素的影响大小做方差分析，检验不同要素对整体的影响是否显著。

## 5.2.2 研究发现

基于抽样调查的结果，我们将全民关于媒介认知层面的价值认知关键词、功能认知关键词、特质认知做以下的总结，这些关键词、功能与特质描述组成了当下“全民媒介认知”的图谱。

（一）RQ1：社会性媒介认知有哪些偏向？

1. 价值认知关键词：社会联系、时间价值、知识价值

在价值认知层面，“社会联系”、“时间价值”、“知识价值”，是排名前三位的关键词（选择率分别为 53.7%、52.2% 和 51%），三个关键词都入选超过半数的被调查者关于选择一个媒介时最看重的因素。

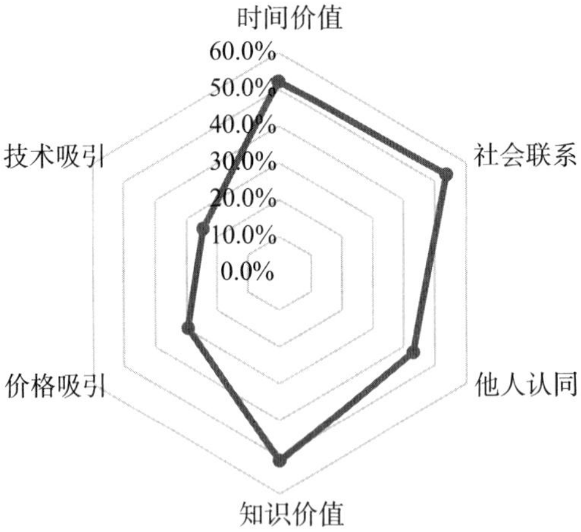


图 5-1 媒介认知的价值偏向

是否加强了跟社会之间的联系、花费在媒介产品上的时间是否值得，以及是否有知识性价值，成为用户选择媒介的最重要的选择依据。其中“社会联系”“知识价值”，具有大众媒介阶段传承而来的价值指向，而个人时间是否值得的衡量要素居于高位，也体现了个体化媒介使用时代，个人对于媒介消费时间权力自主权的积极感应。与此同时，被调查者对“价格”“技术”这两个价值因素最不敏感。

2. 功能认知关键词：信息、社交、娱乐

在对媒介使用功能这个议题的考量中，我们将题项设置为排序最重要的三个功能，用限定和排序来尽量体现在当下移动互联终端综合功能的基础状态下，全民对媒介的最重要和最根本的功能认知以及期待。因此，在后期统计中，我们将排位第一、第二、第三分别赋予 3 分、2 分、1 分重新编码，得到如图 5–2 所示的全民媒介功能认知图谱。

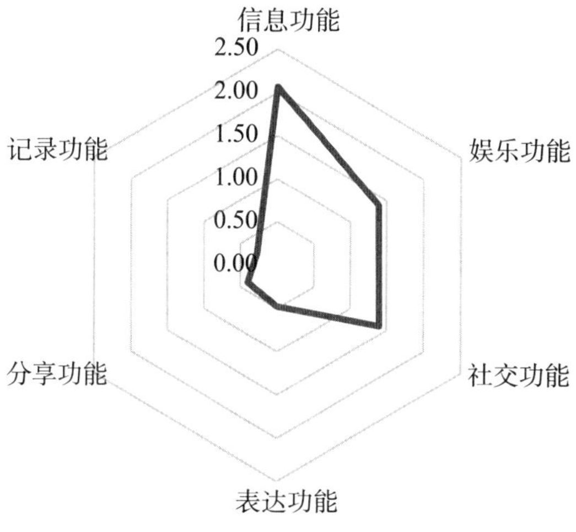


**图 5–2　媒介认知的功能偏向**

在功能认知层面，“信息功能”“社交功能”“娱乐功能”是排名前三位的关键词，分别有 78.9%、75.8%、67.1% 的人将这三项功能放到了功能排序的前三位。其中，将“信息功能”排在第一位的总人数（2716 人）超过了其他功能所有功能排在第一位的总和，可见被调查者对媒介信息基本功能的集体认知。

在排名第二位功能的选择上，社交功能与娱乐功能不相上下（分别为 1562 人与 1553 人），“信息 + 娱乐”与“信息 + 社交”这一功能组合成为对当前媒介功能认知的两大基本模式。

相比之下，被认为是社交媒体赋予个人权力的“表达功能”“分享功能”和“记录功能”整体上偏低，但是在选择这些功能的人中，将这三个选项排在第三位重要的频率均超过半数（分别为 52.5%、66.4% 和 71.7%）。虽然社交媒体赋予了用户前所未有的表达权和生产权，但用户对媒介系统的整体的认知仍然处于接收端，信息、娱乐等大众传媒时代的主导功能地位仍不可撼动，相对主动地生产内容，交互使用，在总体上似乎是接收信息之外的附加行为。

3. 特质认知的关键词：真实第一，隐私安全也被提升到重要地位

关于媒介特质的认知，我们在后期编码中将选排第一、第二、第三位的数据分别赋予 3 分、2 分、1 分，从而得到如图 5-3 所示的图谱。在所有特质中，人们对真实性的重视程度远高于对其他特质的重视度，均分为 1.41，排在第二的是安全性，均分为 1.04，第三梯队为实用性、方便性和有趣性，均分较为相近，在 0.7 左右，其他特质为第四梯队，重视程度很低，均分都在 0.4 以下。

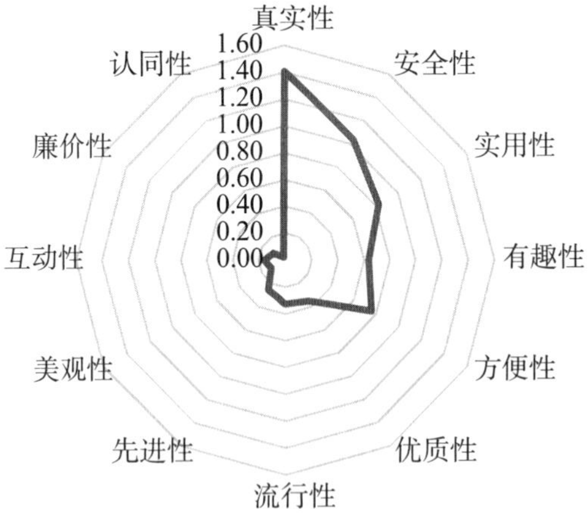


**图 5-3 媒介认知的特质偏向**

有53.3%的人将“真实性”选入自己最看重特质的前三位，而在看重“真实客观”的人之中，75.5%直接将它放在了第一重要的位置。与此同时，“美观性”“廉价性”“身份性”是最不被调查者重视的要素，有超过90%的人（分别为92.2%、93.1%和98.3%）对这三个特质没有选择。

（二）RQ2：媒介认知偏向受哪些因素的影响？

经由前面的统计结果我们可以看到，在媒介使用个体化的今天，大众化的媒介心理认知仍然有其强烈的惯性作用。有价值的信息、联系，具备真实性仍然是用户群体对媒介系统的基本认知。与此同时，我们通过差异分析去透视统计数字以及数字背后的社会成因。由图表5可知，城级（城市所在级别）、代际（年龄组）、学历（目前受教育程度）等社会因素对媒介认知各有不同程度的相关性和影响。结果可见，城级、代际、学历都在不同层面上影响媒介认知不同维度。城级由低到高与“时间价值”“他人认同”呈显著正相关，与媒介“安全性”特质的偏向呈显著负相关。代际由年轻到年长与“知识价值”“技术吸引”“娱乐功能”“安全性”“美观性”“互动性”都呈显著负相关。学历由低到高与“社会联系”“技术吸引”“优质性”呈显著正相关，与“娱乐功能”“方便性”“流行性”“廉价性”呈显著负相关。不同因素的内部仍然存在着细分性的差异。

1. 城级因素分析

在本次调查中将城市级别划分为：一线城市（N=609）、新一线城市（N=1713）、二线城市（N=1238）、三线城市（N=574）、四线城市（N=406）、五线城市（N=91）。考虑到四线城市与五线城市样本占比较低，且四线城市、五线城市作为非省会城市拥有很多相似性，本文将四线城市样本和五线城市样本合并，统称“四五线城市”。

统计数据表明，三线城市为媒介价值认知上的“分水岭”（见图5 4）。在所有关于媒介价值的认知指标中，“时间价值”与“社会联系”两个属于全民性选择的媒介价值要素，在三线以下城市中并没有成为人们看重的要素之一。

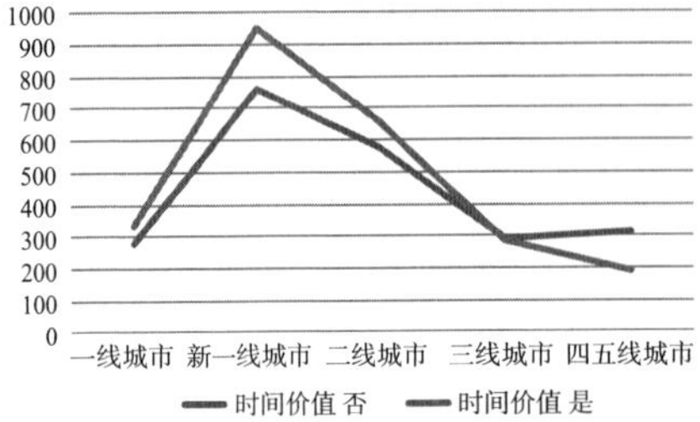


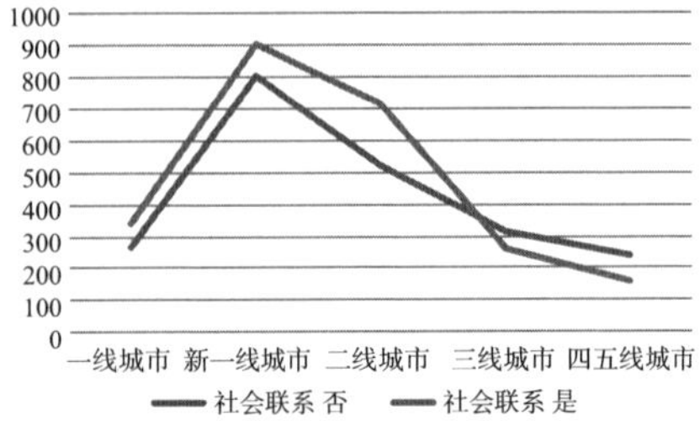


**图 5-4　三线城市以上与以下在时间价值与社会联系两个维度上的差异对比**

城市级别在我国的划分与经济发展水平息息相关，二线城市以上普遍都勾选了这两项作为选择媒介的重要标准，而在三线城市至五线城市的人们的观念中，“花在一个媒介上的时间是否值得”“是否因此与社会保持联系”并没能入选最为看重的媒介价值。

2. 代际因素分析

对比可知，代际差异对于“社会联系”（F=4.644，p=0.000）、“知识价值”（F=8.261，p=0.000）、“技术吸引”（F=9.924，p=0.000）三项表现出了显著的影响，而对于“时间价值”、“他人认同”价值、“价格吸引”三项不会表现出显著性差异。

统计数据表明：与其他年龄层相比，最看重技术吸引的是 00 后，占比 30.77%，远高于 70 年代前（16.64%）的重视程度。最受 80 后和 90 后重视的是社会联系和知识价值，高于其他年龄层。在价格吸引与他人认同方面相差不大，70 后最重视价格，占比 32.62%。00 后则最重视他人认同，占比 45.31%。

代际在媒介功能与特质上的影响显著体现在娱乐功能（F=6.343，P=0.000）与有趣性（F=4.055，P=0.001）两个方面，在其他因素上影响都不显著。与此同时 00 后与 70 前人群并不在意媒介的流行性，而中青年阶层更在意这一价值。技术吸引对 00 后意义非凡，对 70 前也有较高吸引力，对中青年阶层吸引力很低。在 00 后群体里，对媒介三大功能的认知是与主流一致的。信息功能、社交功能、娱乐功能，但在 00 后群体的排序里，把社交功能排进前三位的占比第一

（75.8%），与人的联系比与信息的联系更重要。

代际之间的部分媒介特质认知差别较大，70前更为重视真实性和实用性、方便性，而最不重视的是有趣性，反之，00后则更加重视有趣性、互动性和美观性，对真实性则要求最低。90后和00后与其他年龄层相比，同样最为重视隐私安全；70后和70前的媒介特质认知相差不大。“美观”特质在90后与00后群体中被显著重视，在对00后与90后群体合并后的TGI统计表明，在我们所给出的所有媒介产品特质中，年轻群体对设计美观（130）、互动感强（130）的偏好显著高于任何一个群体，对新鲜有趣（120）的要求强烈，对隐私安全（113）的重视紧随其后，成为年轻一代群体对媒体特质的偏好。

3. 学历因素分析

在本次调查中，我们将学历划分为小学及以下（N=819）、初中（N=1749）、高中中专技校（N=1129）、大专（N=456）、本科及以上（N=478）五个级别，学历构成基本与国家人口统计的学历结构相近。

在媒介价值认知上，低学历群体（大专以下学历）选择率较高的三项分别为“社会联系”“时间价值”以及“知识价值”，而高学历群体（大专及以上）选择率较高的三项分别为“知识价值”“社会联系”以及“时间价值”，这说明高学历群体更看重媒介的“知识价值”。

而通过ANOVA分析我们可知，学历对个人的媒介价值认知中的知识价值（F=10.742，P=0.000）、技术吸引（F=3.593，P=0.003）两项产生显著的影响，而对其他选项并没有显著的影响。

在媒介特质上，“优质性”得分与学历水平正相关，“方便性”“流行性”与“廉价性”得分与学历水平负相关。即学历水平越高，越重视“内容优质”；学历水平越低，越重视“简单方便”“大家都用”“便宜免费”。研究中我们对比了媒介特质得分与收入水平的相关关系，方便性、流行性与廉价性得分既与学历水平相关，又与收入水平相关；优质性得分与学历水平相关，与收入水平无关，这说明对媒介优质内容的重视主要受学历水平而非收入水平的影响。

# 03

## “媒介世代”的形成

“儿童认识世界不是信息数量上的简单积累，而是通过不同年龄阶段的一系列心理变化形成获取信息的全新策略。”

——皮亚杰

认知心理学家皮亚杰（Jean Piaget）在研究儿童成长和认知发展过程首次提出了“图式”（schema）的概念。简单来说，人之所以能够快速有效地认知、分析新事物或新信息，是我们大脑中的“认知图式”在起作用，这种图式的构建来自我们过去相关的经验和知识。威布尔（Weibull）也曾经指出，人们在丰富的媒介选择面前看似拥有自主决定权，但是他们的媒介使用行为其实受到媒介认知图式（schema）的深远影响，而基模的形成与年龄、性别、社会地位、时间压力、既往媒介使用经验等许多因素有关。因此媒介菜单不是一成不变的，它会随着人们生活阶段、工作状态、家庭构成乃至媒介市场的变化而发生改变[①]。

互联网以“连接一切”的方式重构着我们这个世界，也在深刻地改变儿童认知与心智成长的传统范式。尼尔·波兹曼在《童年的消

① Weibull, L.（1992）. The status of the daily newspaper: What readership research tells us about the role of newspapers in the mass media system. Poetics, 21（4）, 259-282.

逝》中早就断言，电子时代的来临模糊了儿童与成年的界限。儿童无须通过阅读，就可以直接从电视和网络中获取来自成人世界的秘密信息，如性、金钱、暴力、疾病、死亡、社会关系等。他指出，成人和儿童在行为举止、语言习惯、处世态度和需求欲望上，甚至身体的外表上，越来越难以分辨了。而手机媒介这种高度感官化、情境化的传播方式也拆除了儿童和成人之间的信息樊篱，把儿童曝光在一个完全成人化的信息世界中，从而进一步导致的“童年的消逝”[①]。

## 5.3.1 媒介世代

认知心理学家让·皮亚杰认为，“儿童认识世界不是信息数量上的简单积累，而是通过不同年龄阶段的一系列心理变化形成获取信息的全新策略。”[②]可以说，媒介技术的发展，信息渠道接入所需基本认知能力的下降，是导致儿童越来越早地成为“媒介使用者”的重要原因，而认知发展过程与媒介信息接入环境不同的叠加，所塑造的是不同媒介伴生环境下的不同世代的受众。

我们综合各方数据与新闻资料，尝试划分以国内信息技术发展状况为参照的四个“媒介世代”：

（1）时间节点上，以国内电视普及的 1982 年、门户网崛起的 2000 年[③]，和中国移动互联用户超过非移动互联用户的 2012 年，为三个时间点。

（2）认知阶段上，分为感知运动阶段（认知实体）、相互关系阶段（认知符号）、维度阶段（认知关系）、向量阶段（认知系统）四个

① 李凌凌，陈楠 . 保护电子和网络媒介影响下的童年 [J]. 新闻爱好者，2013（06）：16-18.

② Piaget, J., & Cook, T. B. M.（1952）. The origins of intelligence in children. *American Journal of Psychiatry*. 120（9）：934-a-934.

③ 2000 年，新浪、搜狐、网易先后成功上市。据《2000 年北京居民媒介接触行为抽样调查报告》显示，居民互联网接触时间比前一年上升 67%，2000 年被喻为“互联网崛起之年”。

个体认知发展的时期[①]。按照皮亚杰的观点，不同的认知阶段，都是特有的认知图式（cognitive schema）的建立过程。

由此，基于以上两个维度的交叉，我们划分出参照我国信息系统变革作为外部环境，由个体认知发展过程中所面临的信息输入环境的不同，划分出四个不同的“信息世代”（见图 5–5）：文本世代（1982 年以前出生）、影像世代（1982—2000 年出生）、工具世代（2000—2012 年出生）和主体世代（2012 年以后出生），用来讨论信息环境的变革对儿童信息接收行为的前置性影响。

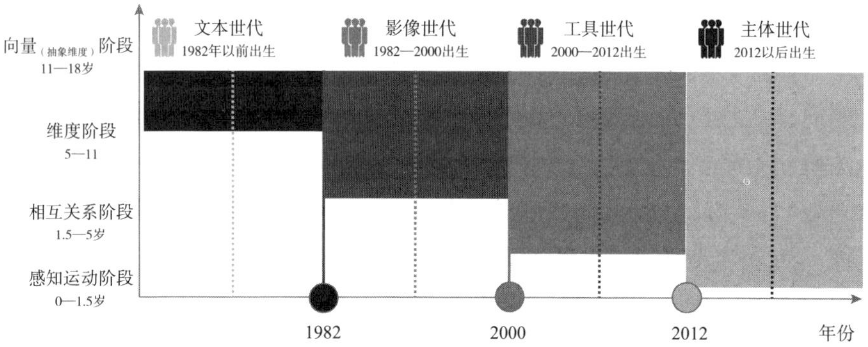


**图 5–5 “童年消逝”的新媒介阶梯**

1. 文本世代：1982 年以前出生的人

在尚未迎来电视普及的一代人之中，最初的感知运动阶段（认知实体）、相互关系阶段（认知符号）的发展过程中，所面临的主要是以印刷媒体为介质的文本信息环境。个体如果大规模地接触信息，需要具备基础的识字和阅读能力。因此，大规模的信息获取渠道开启基本上与学龄一致，对信息系统接触依赖于对文本工具的掌握，媒介信息的大量介入与逻辑思维发展几乎同步开始，因此信息接收者具备接收同时排列信息的能力。

① 本文认可“思维模块化发展”“兴趣转移理论”等思维发展等后皮亚杰理论研究的观点，但本文基于对世代研究的目的，仍然采纳皮亚杰“儿童认知发展理论”及其发展者 Cases 所倡导的四个阶段划分，详见 Case. R. Neo-Piagetian Theory：Retrospect and Prospect. *International Journal of Psychology*，1987，22：773-791.。

2. 影像世代：1982—2000 年出生的人

随着电视的普及，出生于 1982 年之后的人，在维度阶段（认知关系）上已经有机会大量接触以影像为主体、信息丰富的电视媒体，影像媒体特殊的文本、图像、声音之间的非线性传输与相互解释能力，辅助他们在具备文本阅读能力前，便通过视频文本实现了大量理性（事实与逻辑）及非理性信息（情感、情绪、姿态、表情等）的接收，在可以理解相互关系的认知阶段吸收大量多元、复合的信息文本，并将有实时功能和切换权利的电视媒体纳入自己的日常信息系统。

3. 工具世代：2000—2012 年出生的人

随着互联网的逐渐日常化，伴随这一环境为日常信息系统成长起来的一代，对信息的基本认知是，信息可以无止境地连接下去，使用者只要连接上网络总会找到自己需要的内容。在之前遥控器选择频道的基础上，互联网媒介使用者们在知识认知和关系理解阶段之前便启蒙了“搜索”意识，信息获取范围不再受频道和线性时间安排的限制。媒介开始成为一种可以被“使用”的工具。

4. 主体世代：2012 年以后出生的人

以无时空限制的移动互联技术为基础，以智能触屏技术为终端的个人化媒介使用环境，为使用者设置的门槛几乎为零。最近有研究已经将 6 个月的婴儿纳入媒介习惯培养的视野[①]，甚至有学者提出数字婴儿（digitatods）的概念。现实中，产业界为一岁以下儿童设计使用的媒介产品不计其数，自然也不应该成为研究界的空白领域。更为关键的是，终端使媒介使用者提前到仅仅具备点触动能力的婴幼儿，媒介使用意识的主体化启蒙于空前低的年纪，全面参与了最早的认知发展阶段。这一代的媒介使用者们，早在运动感知阶段（认知实体）就理解信息可以通过多种终端进入；在相互关系阶段（认知符号）学习不

---

① Bar Lov，Yehuda，Elias，Nelly & Levy，Sharona T.（2018）. Development of Infants’ Media Habits in the Age of Digital Parenting. A Longitudinal Study of Jonathan，From the Age of 6 to 27 Months.in Giovanna Mascheroni，Cristina Ponte & Ana Jorge（eds.）Digital Parenting. e Challenges for Families in the Digital Age. Göteborg：Nordicom.2018：103-120.

同信息内容的符号意义；在维度阶段（认知关系）发挥个人媒介的表达作用；在向量阶段（认知系统）就成为一个全面使用媒介系统来搜索、使用、表达、反馈的新媒介使用者，从而成为一群没有任何“历史负担”，从不认为媒介需要仰视、需要全面接收的全新的、面向未来的新受众世代。

表 5-2 不同世代的媒介行为与认知

| 媒介世代 | 媒介行为 | 媒介认知 |
|---|---|---|
| 文本世代 | 接收 | 发布接收式 |
| 影像世代 | 接收 + 选择 | 声画在场式 |
| 工具世代 | 接收 + 选择 + 搜索 | 无限开拓式 |
| 主体世代 | 接收 + 选择 + 搜索 + 发布 | 自我表达式 |

由此，如果我们将人的认知发展期与信息输入环境的变革结合在一起来对比，就不难发现，随着技术的变革，不同的认知阶段开始接触媒介化传播介入点的不同，必将导致信息处理与认知建构方式的不同、对媒介的基本观念的不同，以及未来对媒介的使用方式的不同。

### 5.3.2 主体世代的特征

第一，只浏览不阅读。

每当谈及数字技术的发展对不同年龄段人群的影响时，数字原住民（Digital Natives）、数字移民（Digital Immigrants）这对概念都会进入我们的视野。

最初提出这对概念的是教育家 Marc Prensky。在 2001 年发表于《地平线》杂志上的文章中，他提出伴随着电脑、电子游戏、音乐播放器、手机等新媒体技术而成长起来的一代叫作“数字原住民”；与之相对应的，并不出生于数字时代，但是逐渐接受了各项新媒体技术的人则叫作“数字移民”[①]。相比之下，数字移民的特征是“将数字技

① Prensky, M.（2001）. Digital natives, digital immigrants. part 1. On the horizon, 9（5）, 1-6.

术当作工具”，例如打印出纸质版来做修改校对，再使用电子版传输。先检查使用手册，再一步步理解新工具……而与数字技术同步长大的数字原住民们，是完全可以无纸化办公、在数字工具面前丢掉说明书的，他们是秉持“使用中学习”（learning by doing）基本态度的全新群体。

对人群做这样的划分，其背后的假设是信息技术伴生下生长起来的年轻人与年长一辈在许多方面存在差别：

首先，是两代人对于新媒介技术的采纳速度明显不同。在创新扩散理论（Innovation Diffusion Theory）① 和技术接受模型（Technological Acceptance Model）② 等关于用户与技术产品关系的理论框架中，年龄都是十分重要的影响因素。例如，在创新的扩散过程中，年轻人一般是创新的引领者和早期采纳者；就技术接受而言，年轻人能够对技术产品的感知易用性和感知有用性高于年长的人，因此他们的使用意愿更强，由此导致的使用行为也更显著。

其次，年轻一代的注意结构也与长辈有所不同，或者说数字原住民所偏好的媒介样态不同于数字移民。相比于传统的单向传输媒介，年轻人更偏好具有互动性的媒介。尽管有许多关于年轻一代注意力持续时间（attention span）缩短的顾虑之声，但是实际上年轻人对于游戏的注意时间可以延续很长，所以实际上不是年轻人失去了长久集中注意力的能力，而是他们有选择性地付出自己的注意，承载他们注意的媒介不同于年长人群。

再者，数字原住民对技术环境的期待也不同于数字移民。他们所期待的互联网使用体验是无缝、流畅、个性化并且掌控权充分在我。因此，他们对于交互界面出现卡顿、推荐内容不合胃口等问题的容忍程度也较低。

与“数字原住民”相互呼应的一个概念是“搜索一代”，指的是

---

① Rogers Everett, M.（1995）. Diffusion of innovations. New York, 12.

② Venkatesh, V., & Davis, F. D.（2000）. A theoretical extension of the technology acceptance model: Four longitudinal field studies. Management science, 46（2）, 186-204.

出生于1993年以后的互联网时代，是最早接触到以谷歌为主的搜索引擎的一代，他们的成长环境被描述为“沉浸、丰富、互动媒介的文化”[①]。基于这一概念展开了大量关于新媒体发展对于少年儿童的影响的研究，其中对“搜索一代”的基本态度存在差异。在有的研究中，“搜索一代”是熟练使用网络的代名词。而在有的研究中，青少年对搜索引擎形成了强烈的依赖，他们快速而肤浅地浏览，不作消化也不作停留。

不过，“搜索一代”的提出与其说是为了描述某一现象，不如说正是为了回应这样的疑问。互联网一代在他们获取信息的方式、对信息的呈现方式的偏好等方面，是否有别于互联网前时代的人？问得更具体一些，“搜索一代”究竟确实存在，还是一个伪命题？来自伦敦大学学院（UCL）信息行为与评估研究中心（CIBER）的 Ian Rowlands 博士指出，关于年轻用户的“迷思”有很多，例如年轻用户永远保持在线，他们擅长与技术打交道、善于寻找信息，对延迟持零容忍态度。但是在关注代际差异的同时，我们也不应将当下的年轻一代“特殊化”。实证调查发现，大多数年轻人并不了解自己的信息需求，也不擅长筛选分辨信息源。他们在执行搜索任务时浅尝辄止，花在评估信息价值上的时间通常很短，满足于字面上符合搜索需求的内容，只是浏览而并非阅读。作者因此提出，“这一代年轻人太不一样了”这样的观点是站不住脚的。虽然这一研究是在2009年进行的，而如今的社会已经从PC时代全面迈入了移动互联网时代，但是这一研究对新技术下的代际差异所持的谨慎态度也是本研究所认可的。因此，本报告一方面承认代际之间的内容消费习惯和兴趣话题存在差异，另一方面也对信息处理模式与能力的代际差异持审慎态度。

第二，自我认同与群体认同。

关于媒介使用的研究主要有两个理论视角。第一是信息搜寻，该

---

① Rowlands, I., Nicholas, D., Williams, P., Huntington, P.（2008）. The Google generation: the information behaviour of the researcher of the future. In Aslib proceedings（Vol. 60, No. 4, pp. 290-310）. Emerald Group Publishing Limited.

假说认为人们使用媒介的主要目的是获取信息或其他社会功用；第二是情感满足，即人们使用媒介的主要目的是弥补现实生活中交流沟通的匮乏，或是通过网络来进一步地丰富人际关系。事实上，这两种理论视角并不是相互矛盾，而是彼此交织的。几乎所有的媒介接触行为都既有其功能性的一面，也有其社会性的一面。

将视野从个体层面放大到集体层面，正如著名社会学家曼纽尔·卡斯特（Manuel Castells）在《认同的力量》中指出，网络社会的意义是围绕一种跨越时间与空间而自我维系的原始认同建构起来的，而这种原始认同也同时构造了他者的认同，网络社会中是“共同体的天堂”①。认同是个体对自我和他人的理解。自我身份认同和群体身份认同是两种基本的表现形式，前者以自我为核心，强调个体对自身的反思、认定和追寻，后者指个体意识到自我属于某一特定群体，并体验到群体带给自我的情感和价值。自我身份认同受到群体身份认同的影响。

在媒介化社会中，自我认同与群体认同越来越多地通过社交媒体得以实现，信息的发布与传播均承载着寻找认同的心理动机。在一项针对大学生展开的分享新闻意愿的调查中，研究者以使用与满足（Use and Gratification）理论作为框架，发现信息搜索、社交和地位寻求这三项需求越强的个体，越倾向于在社交媒体上分享新闻。其中社交需求指向通过使用互联网来与其他个体建立联系、从而获得归属感②。地位寻求则是指分享新闻有助于人们在自己的社交网络中塑造并保持某种形象。在这里，与他人建立联系，构成某种意义上的共同体，就是对群体身份认同的追求。通过分享新闻来建立自己的社会形象，期待获得好友的点赞和回应，就是对自我认同的追求。

这种认同的需求在年轻人之中显得尤为重要。发展心理学将从青少年向成年人过渡的这一阶段称为成年初显期（emerging adulthood），

① 曼纽尔·卡斯特．认同的力量 [M]. 曹荣湘译．北京：社会科学文献出版社，2006：77.

② Lee, C. S., & Ma, L.（2012）. News sharing in social media: The effect of gratifications and prior experience. *Computers in human behavior*, 28（2）, 331-339.

处于这一阶段的年轻人生活普遍经历较大变化，逐渐获得更多自主性并形成自我（sense of self）。但是，当下社会指导这一成年过渡期的各种社会规约都在弱化，成年不再遵循某一条既定的路径[①]，因此社会支持和社会心理资源就显得越发重要[②]，而媒介则成了年轻人寻求这种支持与资源的重要渠道。因此，对于90后、00后这些正在经历离家求学、接触社会、初入职场、面临选择乃至结婚生子等人生轨迹的剧烈变动的年轻人而言，哪怕纯粹的信息内容消费都承载着他们对身份认同的追求与期待。

另外一个与身份认同密切相关的现象是偶像崇拜与“饭圈文化”。粉丝群体的年龄分布一般集中于十几岁至二十几岁这一区间，以年轻人为主力群体。偶像作为一种媒体人物（media figures），崇拜者与之建立的超社会关系是一种次级依恋（secondary attachment），是崇拜者在情绪上逐步摆脱父母束缚、日益自主的特殊时期从父母依恋向同辈依恋的转移；他们从对杰出人物的认同和依恋中肯定自我的价值，这也是他们在自我否定期追求自我肯定和理想自我的一种特殊形式，有助于青少年投射自我以及重新建构自我[③]。粉丝围绕共同的偶像而建构起亚文化社群，形成身份认同，因此追星并不再只是粉丝与偶像的单线关系，而是多条双向的互动网络。更进一步说，偶像崇拜与混迹饭圈不是孤立的社会心理事件，而是年轻人媒介化自我建构的有机组成部分。

第三，信息价值评判标准：以“我”为尺。

互联网的快速发展所带来的信息爆炸和算法分发所带来的供需适配，使得个人化信息需求得到了前所未有的满足，尼葛洛庞帝在近半个世纪前作出的Daily Me（我的个人日报）的预想在今天已成为现实。这是一种技术对个体的赋权，人们得以从固定时间、固定渠道、有限

① Shanahan，M. J.（2000）. Pathways to adulthood in changing societies：Variability and mechanisms in life course perspective. *Annual review of sociology*，26（1），667-692.

② Benson，J. E.，& Elder Jr，G. H.（2011）. Young adult identities and their pathways：A developmental and life course model. *Developmental psychology*，47（6），1646.

③ McCutcheon，L. E.，Lange，R.，& Houran，J.（2002）. Conceptualization and measurement of celebrity worship. *British journal of psychology*，93（1），67-87.

选择的媒介消费中被解放出来，在信息海洋中能动地自我配置媒介和信息菜单。在这种高度自主的背景下，人们对信息价值的认知理念就成了取舍的重要标准。

社会心理学认为，人的价值观能够对长期稳定的行为做出预测[①]，由此我们可以推断人们的新闻消费模式受到其价值判断的影响。尽管个体价值判断标准存在较大差异，但总体来说年轻人对新闻的价值判断标准发生了以下改变：他们不再以新闻对社会的价值作为评判标准，也就是说不是对社会、国家、人类命运越重大的消息越受到关注。"我"成了评价尺度，相关性变成了年轻人消费新闻的标准[②]。

牛津大学路透新闻研究所针对年轻人群的新闻消费习惯进行追踪调查，基于他们的价值取向和行为模式，提出了四种新闻消费模式的分类，分别是专注型、效率型、消遣型和拦截型。

专注型（Dedicated）："关于……问题的精彩报道。"专注型用户对于新闻消费的态度类似于看小说或看电视剧，他们会全情投入，沉浸深入地阅读新闻。他们将消费对象视作信息大餐，主要是叙事性较强、引人入胜的高品质分析性文章和观点性文章。新闻消费的时段一般为较为私人和完整，多发生于工作日的晚上和周末。

效率型（Updated）："今日要闻。"效率型用户关注以最高效的方式获得自己所需要的资讯。此类用户十分看重新闻的环境监测功能，主要通过新闻来了解最新时事动态，他们需要的是高密度、高时效的信息简餐。新闻消费的时段一般在晨间，开始一日学习或工作之前。

消遣型（Time-filler）："看看有什么新鲜事。"用户的关注点并不在新闻本身，他们更多地通过新闻来打发时间或找乐子。此类用户的新闻消费往往是一种伴随行为，在看新闻的同时或是在做其他事情（例如开会、排队、通勤），或是在各媒介平台之间频繁切换（例如

---

① Rokeach, M.（1973）. *The nature of human values*. Free press.

② Reuters Institute of Journalism, Oxford University.（2019）. How Young People Consume News and the Implications for Mainstream Media. Retrieved from https：//reutersinstitute.politics.ox.ac.uk/our-research/how-young-people-consume-news-and-implications-mainstream-media.

微信）。他们所需要的是情境适切的、流动的、随时随地的“新闻零食”。对于此类用户来说没有固定的新闻消费时段，只要有空闲的时间就有可能进行消费。

拦截型（Intercepted）：“快来看这个新闻。”用户的新闻消费多为被动式的。即时通信软件的弹窗、社交媒体的转发、新闻聚合平台的推送等都有可能拦截住此类用户的注意力，使其放下手边的事情，开始新闻消费。此类新闻与用户的相关属性最强，因为只有个人关切的话题才能成功地改变用户的任务状态。消费行为可能发生在任何一个时段。

以上模式的划分从用户的价值取向出发，尝试对行为进行概括和预测。其可取之处在于并没有只聚焦于哪些内容题材比较受某类人群的欢迎，而是将信息消费置于人们的日常生活之中，从而提供一个较为稳定的行为预测指导。上文提到了“与我的相关性”成为年轻人在消费信息产品时的取舍标准，而以上四类模式就是对相关性的一种非内容题材导向的划分。

# 04

## “数字原住民”的秩序与悖论

“卧室里有电视，手里有游戏机，口袋里有手机。媒体已经变得无处不在，它几乎是儿童物理和信息环境中永远存在的输入源。”

最早关于媒体对受众影响的大规模研究，可以追溯到1929年佩恩研究基金会在“子弹论”盛行时期资助的“电影对儿童的影响”系列调查，研究主要考察电影对儿童这一“弱势群体”，在信息获取方式、态度、感情刺激、健康损害程度、道德水平侵蚀程度以及对社会行为改变方面的影响。这一项目同时也正式开启了“儿童与媒介”这一研究领域。

传播学集大成者威尔伯·施拉姆（Wilbur Schramm）早在电视普及之初就呼吁正视儿童的收视行为，“儿童是电视的使用者”，半个世纪后，手握鼠标和拥抱触屏的儿童们不仅仅只是“使用者”，更是大规模存在、但通常由于不直接掌握经济权，而被忽视的真实“用户”——据联合国儿童基金会发布的2017年度报告显示，全球每日新增逾17.5万名18岁以下的网民，平均每半秒新增一名，他们占据了全球互联网用户的三分之一。在很多国家，15岁以下网民数量远超25岁以上的人群[①]。而在我国，据共青团中央维护青少年权益部、中国社

① 引自《数字儿童：联合国2017儿童报告》The State of the World’s Children 2017：Children in a Digital World.

会科学院社会学研究所等单位2018年5月联合发布的《中国青少年互联网使用及网络安全情况调研报告》显示，当代青少年网民的“触网”年龄越来越早，大约有超过六成的青少年“触网”年龄在6—10岁。

对于一出生就伴随互联网甚至移动互联网信息环境的儿童来说，使用媒介这一行为，无关“技术接受模型”，无关“媒介仪式”，是理应如此的日常。卧室里有电视，手里有游戏机，口袋里有手机。媒体已经变得无处不在，它几乎是儿童物理和信息环境中永远存在的输入源。①

事实上，无论是传统媒体还是新媒体产业，都在不断探索“数字原住民”这一全新群体的媒介使用途径和习惯——2016年，Google儿童版问世，2017年，YouTube儿童版问世，2018年初，《纽约时报》推出儿童月刊；国内的百度儿童频道专为儿童开发信息搜索工具、“得到”（青少版）开发儿童知识付费产品。因游戏产品一度备受争议的腾讯公司，也于2018年8月推出“青少年守护”功能，以及宣布开发具有社会建设意义的“功能性游戏”② 等，这一方面是争取未来用户的商业策略，另一方面也是不断探索新的媒介消费形式的阶段性措施。

研究界也不断意识到，“儿童”不再是如大众传播阶段时的一个“弱势群体”，不再只是受众研究对象中的一个“心智尚未成熟”的人群，而是以其独特的“媒介伴生模式”成长起来的、将主导未来媒介形态的新主体，是未来传播中的一代新“人”。

媒介素养研究，在以美国和英国为代表的不同研究体系内有着不同的溯源。植根大众媒介效果研究的实证派倾向将1929年佩恩基金会支持的关于美国电影对儿童的影响研究作为素养研究与教育

---

① Zillmann, D., Bryant, J., & Huston, A. C. Media, children, and the family: Social scientic, psychodynamic, and clinical perspectives. New York, NY: Routledge.2013. pp.65.

② 注：“功能游戏”：传统的游戏是以娱乐为主要目的，主要为了让玩家消磨时间，在游戏中获得满足感与虚荣感，且绝大多数的游戏公司是通过玩家的充值付费来营收。而“功能游戏”的主要目的是为了解决现实社会跟行业问题，在游戏的娱乐性基础上增加了专业性以及实用性，根本目的是通过游戏帮助人们去解决工作、教育和生活等实际问题。

的开端。而英国与欧洲的研究派系一般认为，媒介素养教育最早由英国文化研究学者列维斯（F.R. Leavis）和丹尼斯・汤普森（Denys Thompson）于 1933 年出版的文化批评论著《文化与环境：培养批判的意识》首次倡导，倡导以系统化的课程和训练，培养青少年的媒介批判意识，以抗拒大众媒介中"低水平的满足"。

无论哪种取向，媒介素养研究走过了近百年的历史，全程伴随着互联网媒体的崛起与发展。有学者总结，"媒介与儿童"的研究集中在四个方面：其一，受众基本情况，如受众的构成、受众特性等。其二，媒介效果，即儿童从媒介中看到了什么？媒介及其内容对儿童产生的影响。其三，受众动机与媒介使用，主要包括儿童的媒介使用习惯、儿童的媒介选择与媒介需求等。其四，媒介与受众文化，关注不同文化语境下儿童对媒介信息的解读，媒介与个人、社会文化建构的相互作用[①]。一项针对 2007—2017 年发表的 444 篇互联网媒介素养研究论文为对象的研究也表明，互联网媒介素养研究，正在以"互联网世代"为重点，以未来受众的行为为对象而尝试重建基础理论和研究体系[②]。

基于上述，笔者认为，当下发端于大众媒介时代，一直以"批判意识"与"行为自律"为主要诉求的媒介素养教育，存在忽视发展性现实的基础性悖论。

### 5.4.1 悖论之一：建构与批判

在媒介素养教育中，尤其是在青少年媒介素养教育构成中，受众的媒介批判能力成为衡量受众媒介素养的一项重要指标。在德国，青少年媒介批判能力的培养一直是媒介素养教育中的重要组成部分[③]。这

① 金则霜 . 儿童电影研究的受众视角初探 [J]. 传媒观察，2017（08）：30-32.

② 王贵斌，于杨 . 国际互联网媒介素养研究知识图谱 [J]. 现代传播（中国传媒大学学报），2018，40（07）：157-163.

③ 柳珊，朱璇 ."批判型受众"的培养——德国青少年媒介批判能力培养的传统、实践与理论范式 [J]. 新闻大学，2008（03）：70-75+52.

一方面是因为青少年处于思想尚未成熟时期，媒介接触频繁，倘若毫无媒介批判意识，容易盲目全盘接收大众媒介提供的信息和图景，成为媒介的“俘虏”。另一方面，也更重要的是，一个能对媒介进行理性批判分析的青少年受众群体，不仅能够间接促使媒介产品质量的提高，从长远看，更有益于社会的民主文明建设。但随着社交媒介与移动互联网技术在个体性与时空性上对公民主体身份的强化，实时参与式媒介文化消解了受众的批判精神，主要体现在:（1）实时的交互性消解了延时的独立性。（2）以自我为中心的传播消解了“传—受”模式下的主体间性。（3）信息的过度分享消解了个人空间的私密性[①]。

在变革式媒介环境中，起源于大众媒体模式的、单方面对受众批判思维的建构面临两个颠覆性的变化:（1）媒介更为日常化，缺乏面对媒介信息源的基本仪式感，移动互联世代认为互联网是自然而然的存在;（2）伴生型受众的成长过程正在重新分类和定义媒介价值；这与传统的、引导与教育式的媒介素养教育存在着基本分歧。

如同认知心理学家皮亚杰在研究儿童成长和认知发展过程之际首次提出的“基模”（schema）的概念，简单来说，人之所以能够快速有效地认知、分析新事物或新信息，是我们大脑中的“认知图式”在起作用，这种图式的构建来自我们过去相关的经验和知识。因此，对于世界观尚未稳定的儿童而言，互联网信息过早地介入并成为其认知基模建设的一部分，在信息处理、构建认知基模的同时，要求在建立认知过程中同时建立批判思维，是这一逻辑矛盾的根源。

### 5.4.2 悖论之二：自律与无界

数字移民与原住民的最大区别在于对信息输入方式的匹配。在数字移民看来，移动互联网是等同于其他媒介渠道的渠道之一，而伴生一代的原住民由于无处不在的媒介信息输入源的存在，将信息视野比照扩展为无限，因此成年人对信息边界的理解与儿童迥然不同。心理

① 吴春萱．实时参与式媒介文化对受众批判素养的消解与重构 [J]. 出版发行研究，2018（02）：72-75.

学家的一项研究，从技术和社会维度调查了儿童对互联网的理解——技术层面指的是，互联网是一个由世界各地相互连接的系统、计算机和程序组成的整体。社会维度是指人们利用互联网进行交流和信息共享[①]。研究发现，儿童对于互联网的理解在于知识，而并不清楚概念，对其社会维度的复杂性更是很难理解，他们通常“查看”的“互联网”，约等于终端设备，而不是一个网络技术与社会制度。儿童早期教育的研究表明，儿童的语境经验对于决定他们对某一特定现象的理解至关重要。例如，“化学变化”的最初概念是根据孩子们烹饪食物的经验来描述的，是幼儿理解食物在加热和烹饪时的状态变化，因此在科学教育中，教师们首先不能假设他们的概念是“错误的”，因为他们与成年人的观念有质的不同[②]。“有界”的互联网社会和技术概念可能更多地是将适用于成人的互联网概念作为孩子理解的标尺，而不是孩子对互联网的真实想法或理解[③]。研究者在分析流动儿童的媒介素养低下的状态之后提倡“基于沟通与认同的媒介素养教育”，并非单纯地在时间和使用上的截断，而是构建以关系为基础的人际关系，在真实人际关系的基础上建设真实生活与媒介生活的区别，从而不断地理解媒介现实与生活现实之间的区别及联系[④]。

换句话说，成年人了解互联网的无限性、无界性，并在有限的时间精力中分配给媒介信息实现“自律”。但对认知成长中的儿童而言，自律只能靠人为边界来设定。而在实践中监护人干预的“他律”方式被证实是无效的干预，因此，媒介素养教育中的“自律”观念本身与现实存在一定的错位。

---

① Yan Z. Limited knowledge and limited resources：Children’s and adolescents’understanding of the Internet. *Journal of Applied Developmental Psychology*, 2009, 30（2）：103-115.

② Fleer M，Raban B. Constructing cultural-historical tools for supporting young children\”s concept formation in early literacy and numeracy. *Early Years*, 2007, 27（2）：103-118.

③ Edwards S，Nolan A，Henderson M，et al. Young children’s everyday concepts of the internet：A platform for cyber-safety education in the early years. *British Journal of Educational Technology*, 2016, 49（1）.

④ 王倩，李颖异. 冲突与和解：关系视阈下流动儿童媒介素养构建研究 [J]. 现代传播（中国传媒大学学报），2018，40（01）：163-168.

# 第6章

# 产业机会与公共危机

信息系统并非无远弗届，经历了互联网与移动互联时代的疯狂增长，无界传播无序竞争之后的传媒产业在动态中寻找新的产业机会与发展趋势。对信息“边界”的持续思考与修正，所涉及的远远不止产业发展的秩序问题，甚至是影响社会治理、群体发展与未来伦理教育的公共问题。

01. 新逻辑与“不融合”

02. 产业趋势与机会

03. 信息新穷人

04. 人机伦理危机

# 01

## 新逻辑与“不融合”

“动荡时代最大的危险不是动荡本身，而是仍然用过去的逻辑做事。”

——彼得·德鲁克

在媒介消费领域，当下消费者无疑同时面对着效率的极大提升和质量的极大下降。一方面是越来越自由、方便的资讯消费，另一方面是巨大的信息甄别的挑战。如果说，互联网刚刚开启的“免费”时代，是一次媒介消费的巨大的、温饱层面的提升，那么在移动互联和社交媒体时代的媒介下更像是一次媒介消费上的巨大升级。

关于消费升级，有国际研究表明，人均 GDP 达 1000 美元、3000 美元时，是居民消费结构发生转变的临界点。据我国国家统计局的数据显示，2016 年我国人均 GDP 达到了 53817 元，有 12 个省份的人均 GDP 超过了这一平均水平，人均 GDP 超过 1000 美元的省份达到了 9 个。因此，消费升级成为整个社会热烈讨论的话题。

在媒介消费领域，资讯信息的“个性化”“体验化”“情感化”需求正在被极大满足，而“品质化”感受则因人而异。如前文所论述，媒介消费者正在成为高权力认知的受众，在是否消费、如何消费的问题上拥有空前的自主权和主动性，同时不断对媒介内容的秩序产生更高的要求。知识付费、内容付费的崛起就印证了这一点。据《科技日报》报道，2017 年 8 月知识付费用户超过 5000 万，对于 2017 年度知识服务总体收入规模突破 500 亿元表示乐观。而视频网站会员付费、手游付费更是直接体现了消费者对内容、品质和体验的迫切需求。在无数免费的信息中付费，其动机毫无疑问是寻求更高品质的内容，将自己有限的时间和精力投入在更高品质的内容中，提高消费的效果。《每日野兽报》的记者 Taylor Lorenz 认为，媒体更应该考虑的是创造能让用户主动搜索和订阅的优质内容。这意味着花更多时间来维护少部分核心用户，而非追逐更广泛的受众。

### 6.1.1 媒介的第四消费时代

日本社会研究者三浦展（Miura Atsushi）把日本消费社会分为四个消费社会阶段[①]，而目前正处在“第三消费社会”阶段（1975—2004）向“第四消费社会”阶段（2005—2035）的过渡阶段。从第三消费社会向第四消费社会转变中产生的五个变化总结为：①从个人意识到社会意识，从利己主义到利他主义。②从私有主义到共享意识。③从追求名牌到追求简单、休闲。④从冲上欧美、向往都市、追求自我到日本意识、地方意识（从集中到分散）。⑤“由物质到服务”的真正实现，或对人更为重视。

表 6–1 消费社会的四个阶段及消费特征

| 时代划分 | 第一消费社会 | 第二消费社会 | 第三消费社会 | 第四消费社会 |
|---|---|---|---|---|
| 人口 | 人口增加 | 人口增加 | 人口微增 | 人口减少 |
| 老年人比率 | 5% | 5%—6% | 6%—20% | 20%—30% |
| 国民价值观 | National<br>消费属于私有主义，整体来讲重视国家 | Family<br>消费属于私有主义，重视家庭、社会 | Individual<br>私有主义、重视个人 | Social<br>趋于共享、重视社会 |

① 三浦展．第四消费时代 [M]. 马奈译．北京：人民出版传媒东方出版社 2014：90-91.

续表

| 时代划分 | 第一消费社会 | 第二消费社会 | 第三消费社会 | 第四消费社会 |
|---|---|---|---|---|
| 消费取向 | 西洋化<br>大城市倾向 | 大量消费<br>大的就是好的<br>大城市倾向<br>美式倾向 | 个性化<br>多样化<br>差别化<br>品牌倾向<br>大城市倾向<br>欧式倾向 | 无品牌倾向<br>朴素倾向<br>休闲倾向<br>本土倾向 |
| 消费主题 | 文化时尚 | 每家一辆私家车<br>私人住宅<br>三大神器<br>3C | 从量变到质变<br>每家数辆<br>每家一辆<br>每人数辆 | 联系<br>几人一辆<br>汽车分享<br>住宅分享 |
| 消费承担者 | 中等阶级家庭<br>时尚男女 | 小家庭<br>家庭主妇 | 单身者<br>啃老单身 | 所有年龄层里单一化的个人 |

所谓“第三消费社会”，也是一个被称为“高度消费社会”的时代。在媒介信息高度消费社会导致的过剩的物质主义不断蔓延，第四消费社会的兴起，正在为第三消费社会中产生的诸多矛盾提供解决途径。特别是，信息与物质是不同的，垄断和保存信息没有意义。分享信息能从中得到快乐而不会损失自己对信息的消费，但保存下来并不会使信息增值，这是信息和物质之间有趣的区别。由此，信息社会乐于分享信息的行为不难理解。三浦展将这总结为最简单的利他主义意识，或者说社会意识的增强。

哲学家托尔维克曾经说，“个体”（individual）是“公民”（citizen）最坏的敌人。公民是一个倾向通过城邦（city）的安康来寻求自己幸福的人——而个体对“公共事业”“普遍的善”“良好社会”或“公正社会”，倾向冷漠、怀疑或是警惕。个体化的另一面，看来是公民身份的侵蚀和瓦解。在媒介消费领域，超级个体式消费者的出现，同时也是社会面临最大的不确定因素。从第一消费社会到第四消费社会这一演变过程中，国民价值观同时也经历了“注重国家”到“注重家庭”，再到“注重个人”，最后到“注重社会”的过程，其变化可谓非常之大。

与此同时媒介消费观，也从个体选择到社会效应的关注逐渐增强是趋势所在。

### 6.1.2 媒介“不融合”

在媒介融合的研究中，时至今日仍然不乏基于对网络、新媒体概念的粗浅认知所下的粗暴武断的定义。例如：媒介融合就是“新媒体与传统媒体从竞争到竞合”、“尚未互联网化的传统媒介都为媒介融合提供了广阔的市场”……从实践上讲，既有的媒介融合实践的整体效果低，国内的报网融合，以及报社、电台电视台的融合也只是松散的联合或名义上的合并，而实际运作上，依旧是各自为政。但推动媒介融合或三网融合的并不是资本市场的运作，而主要是由政府推动。如同部分学者所看到的那样，现有的媒介融合更多是为了整合管理，对实际的新闻生产并没有产生明显的效果；媒介融合更像是在描述我们已经看到的，而不是我们将会见到的。沿着这样的思路我们不禁要问，那么媒介融合的终点是什么？万物皆媒吗？所有的内容在所有平台上都能看到，为信息的丰富性再添一份力？对自由流动的受众进行围追堵截，让同样的内容出现在所有的渠道上？抑或是让一个手机集成所有的内容和消费？显然都不应该是。目前的媒介融合正在尽管努力避免，但还是从整体上落入了“内容＋互联网”的窠臼。

美国学者亨利·詹金斯（Henry Jenkins）曾旗帜鲜明地反对技术所主导的“媒介融合”。他将鼓吹媒介融合的学界与业界人士称为“融合膜拜者”。“他们坚信，迟早所有的媒体内容都会通过唯一的一个黑匣子传送到我们家中的起居室（在移动的情况下，通过我们随身携带的黑匣子来实现）……这是使得黑匣子概念成为谬误的部分原因之一。”詹金斯认为，并不存在能够把这一切重新规整就绪的魔术黑匣子，如同并不能指望在人们热捧的任何终端上实现所有的媒介消费，也不能从任何技术变迁中轻易判断媒介消费的流向。技术不是一切，技术背后的文化因素、消费因素需要被重视和考虑。詹金斯认为，“媒体制作人只能够通过重新协商他们与消费者的关系来寻求解决当前所面临问题的方法”①。

詹金斯所反对的关于媒介融合的“技术主导一切”的思维正是国内研究界不断演示的谬误。2015年度和2016年度，中国知网上以“媒介融合”和“媒体融合”为主题的期刊论文均超过8000篇，并呈现递增趋势。有学者在对中文文献综述的基础上总结研究特点：“主题偏向问题对策。目标以献计传统媒体为主。媒介融合目标框架和标准体系研究缺位。受众研究不充分。媒体技术层面、经济学层面研究较浅。案例研究同质性高。”②国内对媒介融合的研究热情固然有来自顶层设计的要求，也有对业界实践焦虑的折射。即便在政策和体制环境相对简单的国际研究界，也不断出现这样的反思：媒介融合是迄今为止最难把握的概念之一③。

真正融合要求媒体公司重新思考关于消费媒体含义的传统假设，这些假设影响着节目编排和市场推广的相关决策④。然而首当其冲的是，我们要意识到，真正的媒介融合是在消费者的消费过程中达到的，如同学者施罗德所说受众是天生跨界消费的（inherently cross-media）⑤。固有的站在生产者立场理解所谓的跨屏、跨界，在消费者看来是不同时空和情境下自然而然发生的事情，消费者不在意在什么样的终端上消费内容，也不在意消费的内容来自纸、杂志、通信社还是广播电视，因而首先要破除从媒介出发的媒介融合思维。

延森在他的著作《媒介融合》中，希望重新界定这一概念，“从历史的角度而言，媒介融合可以被理解为一种交流与传播实践跨越不

---

① 亨利·詹金斯．融合文化：新媒体和旧媒体的冲突地带[M]．杜永明译．北京：商务印书馆2012：45-57.

② 罗雁飞．媒介融合研究的特点与问题[J]．新闻爱好者．2016（10），37-40.

③ Ytreberg.E（2011），Convergence：Essentially confused? New Media & Society 13（3），（2011）：502-508.

④ 亨利·詹金斯．融合文化：新媒体和旧媒体的冲突地带[M]．杜永明译．北京：商务印书馆2012：51.

⑤ Schrøder，Kim Christian Audiences Are Inherently Cross-Media：Audience Studies and the Cross-Media Challenge. Communication Management Quarterly.2011-18（6）：5-27.

同的物质技术和社会机构的开放式迁移”[①]。这一概念将“交流”纳入考量，将“迁移”的动态作为定义，是一种动态分布不断寻求和沟通消费者关系的过程。

对媒介融合理解上的障碍之一，是固有的媒介类型，以及原有媒介机构的存量资源。媒介机构不得不暂时固守着传统的类型和内容制作基础，同时面对汹涌的互联网流量大潮，企图快速搭车。因此如果能在媒介类型上率先破除壁垒，不再以传统大众媒介的类型最为固有思维，将会对更高层次的媒介融合有所突破。

本文在前一章中讨论了媒介需求的“四象限法则”，尝试站到媒介消费者立场上审视媒介分类，破除媒介的类型划分，从更基本的维度将内容媒介分为：大众快消、小众快消、大众慢消、小众慢消四种类型。现有的任何一个媒介产品都可以从这样的坐标中找到自己的定位和以消费者为立场的价值期待。技术使讯息传播得更快速，这一点毋庸置疑，因此需要被快速传播和消费的内容产品一定会拥抱互联网，搭载更快的渠道是无法抗拒的趋势。小众感兴趣的内容比面向大众的告知性内容更需要深度和专业这也毋庸置疑，因此小众专业的内容是长久缓慢消费的需要，渠道相较于内容影响更弱。因此，越是趋向于大众和迅速的内容，就越需要全面利用和对接互联网平台，继续接触到最广大的受众，所谓“媒介融合”真正需要的正是这个模式里的媒介。越是趋向小众和沉淀的内容，对速度和广度的依赖就越小，甚至排斥，并因为“剥离”互联网的渠道变得更有信息消费上的互补意义。

目前媒介融合最大的隐患在于，对内容和其受众消费期待不加分析，“一刀切”式的全面开花，纸媒集团高调拥抱互联网集团，将内容尽数搬上网络，粗暴合作。结果证明，这样的融合立场发生了偏差，生产者尚未从大众媒介时代的自我神坛上走下，以占领渠道为目标，而忽视了媒介消费者面对众多的媒介选择、内容选择早已开启了“自我配置”的模式，不在消费者的“采购清单”里的资讯只能增加信息冗余，而缺乏被消费的价值。

---

① 克劳斯·布鲁恩·延森．媒介融合：网络传播、大众传播和人际传播的三重维度 [M]. 吴信训、何道宽编；刘君译，上海：复旦大学出版社 2012：88.

# 02

## 产业趋势与机会

从点击数字到真正的消费了内容甚至产生影响，有很长的一段距离和错位。

——彭塞尔

美国资深媒介观察家、曾任《计算机世界》的主编和TechTarget的主编Paul Gillin曾经预测，到2017年，都市日报（metro dailies）将完全消失。他于2007年创建了博客"报纸死亡观察"（Newspaper Death Watch），来记录北美都市类报纸消亡的编年史。

作为大众传媒时代的代表性媒体，都市报有150多年的历史。如同本书前面的分析，都市报受到互联网冲击最大的原因是，它曾经是以最快（以日为单位）、最广泛（大众化）的传播为定位的媒体形式，而这一媒体形式的需求正在被更快、更广泛甚至更便宜的互联网和移动互联网平台所取代。从这个意义上讲，是技术进步的直接和必然结果。随之坍塌的，还有以最广泛的影响力为诉求的广告收益模式，因此，都市类日报的全球性式微有其必然性。

在以广告收益反哺零售不足的大众报纸诞生之前，报纸是昂贵的付费品。消费者要为其刊登的信息获知权付费，为撰写消息和编辑消息的劳动者付费。因为没有广告收入的补偿，报纸的订阅与零售模式，传承工业革命之前物价交换的最近本原则。

大众传播时代开启了廉价报纸附加广告的模式，在大众传播时代末期，互联网的“免费”经济，更是将获得信息置于不需要付费的商业境地。从经营模式上看，为信息采集和编辑的劳动直接付费，是媒介经济最早的模式，媒介经济的原初，是信息与货币的直接交易。大众传媒时代，随着“便士报”价格的大幅度降低得意普及和娱乐化，并同时以更广的覆盖受众所赚取的注意力来换取实质上是大众传媒业经济命脉的广告收入。随着大众传播时代的结束，传媒和受众之间的经济关系，也存在回归的可能。

互联网所开启的免费时代，同时也开启了信息的大量涌出，在信息无须花费并唾手可得的背景下，消费者对信息的重视程度和接收效果很难被测量。正如前《卫报》的 CEO 大卫·彭塞尔（David Pemsel）所说，媒介产业的领先实践者们越来越意识到，从点击数字到真正的消费了内容甚至产生影响，有很长的一段距离和错位。因此，真正筛选消费者的门槛，是付费，直接为内容付费的消费者对内容的投入程度、重视程度都是免费获取所无法比拟的。

### 6.2.1 产业趋势之一：订阅回归

作为英国最大的全国性综合日报之一，《卫报》（The Guardian）也曾是数字化内容的拥护者。早在 2011 年，《卫报》就秉持“开放新闻”（Open Journalism）的观念作为其数字新闻理念的核心而成为当年最受社交媒体欢迎的新闻媒体之一，有研究学者指出，当时的《卫报》多少承载着人们对既有新闻业的某些最乐观的设想。既坚守严肃新闻传统，又表现出面向网络时代的大胆创新和良好适应性。

在 2014 年获得普利策新闻奖之后，《卫报》一度趁着空前的热点和影响力尝试走国际化道路，但业绩表明这条路并不成功。2015 年 4 月到 2016 年，卫报盈利 1550 万美元，运营损失却高达 1500 万美元[①]。2011 年，David Pemsel 加入卫报传媒集团，任首席执行官。他在接受经济专栏作家 Ian Burrell 的采访时说，“从 1995 年到 2015 年，卫报并非没有创新和进步，我们非常接受数字化带来的机遇，在过去 7 个月中，几乎每个月都有 1.6 亿 IP 访问和超过 10 亿网页浏览量，这证明了我们的数字战略和新闻能力”。Pemsel 同时也说：“庞大的读者群带来的是自满情绪。你有大量读者，每月数字都在增长，但这掩盖了你与读者的关系。”他指出：“生产垃圾内容的公司可能也会很大，但这并不意味着你对世界产生了影响……这只是意味着你很大。”[②] 自上任 CEO 以来，Pemsel 逐渐清晰了对《卫报》的战略调整，“将读者放在核心的位置”。

2016 年 1 月起，《卫报》放弃了国际化路线，将全部重心放到读者收益上来，扩大会员制，目标是实现读者收益的翻番。据报道，《卫报》为此特别成立了跨部门团队，包括编辑、商业、UX 和程序设计在内的员工共同做数据分析，构建会员制框架，目前团队已经能很容易地从不同的市场环境中分析出顾客的行为模式和他们新闻的偏好，并以此为依据吸引更多有付费意愿的新用户，留住现有的老用户。因此，截止 2017 年 2 月，《卫报》的读者收入（包括会员、订阅、期刊和一次性捐赠）已经超过了广告收益，每月的付费读者数量达 50 万人，一次性捐赠达 30 万人，仅 2016 年的付费读者数量就翻了一番，《卫报》已经实现了里程碑式跨越[③]。

在《卫报》的会员制度下，读者不仅是读者。会员可以选择每月 15 英镑至 60 英镑不同档位的会员等级，同时享受不同等级的权力，每月 60 英镑的“老主顾”（Patrons）可以得到除更多的有着很强知识属性的信息之外，可以参加只有对这个等级的会员才开放的小型高

---

① 引用自 http：//www.thedrum.com/opinion/2017/10/26/how-the-guardian-found-800000-paying-reader。

② 翻译自专栏作家 Ian Burrell 对 David Pemsel 的 2017 年 10 月的采访《卫报如何获得 80 万付费读者》http：//www.thedrum.com/opinion/2017/10/26/how-the-guardian-found-800000-paying-readers。

③ 据全媒派（ID：quanmeipai）受权编译哈佛尼曼新闻实验室（Nieman Lab）文章：《卫报》读者收入超过广告。

端沙龙等。另一读者付费模式“捐赠”，某种程度上也是一种新闻的“众筹”，对于环境调查等新闻报道选题，捐赠以支持调查的读者越来越多，捐赠呼吁的时间越长，产生共鸣的读者越多，向读者好好解释媒体动机和想法，优质选题，为《卫报》提供更大的支持。同时，为新闻提供支持的读者与报纸产生互动，很多读者表明为了看到自己真正在意的现状得到更多的曝光，他们愿意支持专业的媒体机构展开调查、报道和舆论监督，也会更积极地阅读报纸的内容参与新闻的传播，由此形成了良性的反馈机制。下一步，《卫报》希望不再单纯聚焦于实现订阅数的增长，而是进一步研究如何维护与读者的深度关系。据《卫报》的网站显示，他们已经信心满满地制定出了 2019 年的小目标：付费会员突破 100 万大关。

订阅的回归并非个案，《华尔街日报》在 2017 年底出品的《科技与媒体消费者研究报告》中提到，在接受调研的 20 家媒体中，用户付费订阅收入已占到 2017 年上半年总收入的四分之一。未来只要将用户流失率控制在 30% 以内，订阅收入还将有机会继续增长。国内的产业现状也表明，订阅重新成为内容产业的支柱之一。

### 6.2.2 产业趋势之二：去媒介壁垒

从传统的媒介分类角度出发，似乎如何定义 Buzzfeed 都不是十分恰当，即便是当下的“新闻聚合类网站”也并不能很好地概括它的媒体类别和角色，然而这并不妨碍 Buzzfeed 成为以全球流量输出最多的内容公司。2018 年 1 月，Buzzfeed 正式跟今日头条签订合作协议，视频内容正式进入中国。

对于 Buzzfeed 在媒体行业所扮演的角色，早在 2006 年初创时期被称为“猫猫狗狗网站”，因为经常发布与宠物有关的图片文章而得名；之后因为几次红遍全球社交媒体的重磅话题而被称为“病毒式传播鼻祖”，例如著名的“蓝黑裙子之争”；当 2015 年 10 月，独立用户月访问量已高达 2 亿的 BuzzFeed 发布了一款新 App，叫 BuzzFeed

News，正式进军严肃深度报道领域，拥有几百名一线记者的团队参与报道“巴尔的摩骚乱”“美国纽约州越狱案”时，人们不再将它看作任何一个只供消遣的媒体公司。

总体来说，Buzzfeed 的发展过程，并不类似于传统的媒体，而更像是一个以数据和技术为驱动的内容制作公司，在不断获得消费认可和大量消费者之后，整合成为更好的媒介内容输出机构。数据的使用一直是 Buzzfeed 引以为豪的资本，数据科学团队的负责人 Gilad Lotan 在接受采访时说：人们在这个公司里做出的所有创意，都是基于一个反馈闭环（feedback loop）。为了让员工更懂得观众到底关心什么、究竟喜欢什么，BuzzFeed 强调在每一项工作中都构建数据的反馈闭环。让员工意识到任何一个措辞、设计、分发时机都会对数据造成影响，任何一个改变都有数据上立竿见影的效应。在一个描述该生态如何运转的图表中，创始人 Jonah Peretti 将这个过程概括为“数据，学习，盈利”三个环节。这样的以媒介用户为核心的思维，让 Buzzfeed 短短几年的时间里成为媒体行业的颠覆者。

### 6.2.3 产业趋势之三：传媒产业中的小众经济

著名商业评论家吴晓波在一次演讲中这样解释“小众经济[①]”，未来的商业机会我们将失去大众品牌，大部分的中小企业所服务的只是一个特定的人群，这个特定的人群会垂直打通。你只要服务这些人，你只要在这个族群中形成你的品牌理念，你就会变成一个非常小而美丽的优秀企业。吴晓波认为，做一个几万人的企业、做一个家喻户晓的品牌已经不再是中国创业者的梦想，几百人甚至几十人的企业，能在一个特定的消费群体中提供无可替代的服务，将是“中国现在消费社群最大的变化”。

大众媒介一直以来就不是高利润的产业，一方面，因为行业本身的部分社会属性和公共职能，另一方面，数字也显示，与实业相比，

① 整理自 2015 年 8 月 8 日，吴晓波南京演讲实录《如何拯救我的资产》。

媒介产业的利润实在微薄（数字）。技术对于内容产业最根本的冲击在于，使得内容生产成本极大地降低，内容生产不再必须依附于巨大的媒介集团，内容传播不再必须依靠从前有限的频道资源、出版资源、而成为人人皆可为之的产业，五个人利用业余时间做一个用户上万的内容账号不再是天方夜谭。进而，媒介内容也不必再依靠巨大的大众市场来收回成本获得利润，任何一个微小的窄众群体，都可以支撑起一个小规模的内容—收益模式，从而形成多元化的媒介市场。在小众经济领域里，内容行业可以形成闭环，在内容经济里，小众规模的经济也可以有收益。

小众之所以与媒介行业具有天然的亲近性，也在于小企业天然是创意衍生的基地。根据美国联邦小企业管理局（SBA）的统计，2010 年，美国本土员工少于 500 人的小企业（Small Business），包括 22110628 个无雇员企业（non-employer firms）和 5717302 个雇主企业（employer firms）。美国当年的大企业仅包括 17236 个雇主企业，不到美国总企业数的 0.3%[①]。曼塞尔·布莱克福德在《美国小企业史》中写道："1880 年以前，小企业在美国是一种常态，成千上万的小企业提供者美国经济中的商品和服务的生产与销售。只是从 19 世纪中叶起，大企业才开始出现在新技术领域里以发挥生产和 / 或经销的商品规模经济的效应。""20 世纪 70 年代末，硅谷有近 3000 家电子公司，其中 70% 的公司不足 10 人，85% 的公司不足 100 人"。

在研究了 1982 年美国企业 8074 个创新的来源后，经济学家佐尔坦·埃克斯（Zoltan Acs）和大卫·奥德里什（David Audretsch）观察到："资本密集，高度集中以及广告密集型的产业更有利于促进大企业的创新发展。而小型企业的创新优势往往发生在产业生命周期的初级阶段，因为在这个时期，大企业占据的市场份额较高，小企业整体的创新和高技能人才的使用可以为争夺市场份额发挥很大作用[②]。"与

① 数据来源于：www.census.gov/econ/susb。

② 曼塞尔·布莱克福德．美国小企业史 [M]. 刘鹰何国卿等译．杭州：浙江大学出版社 .2013：197.

传统媒体动辄上千人，集团化上万人的员工相比，当下的媒体生态正是“小媒体”的崛起。在其他行业，这样的小企业趋势早已经有几百年历史，但在媒体行业，长达一百多年的大众媒介时代决定了无论是频道资源、出版资质还是传送技术，都掌握在少数的媒体手中，再加上媒体与社会之间千丝万缕的联系，使得大型媒体公司，甚至巨型媒体公司是大众媒体时代的标致。如今，随着技术的崛起，很多媒体公司都维持着不足百人，甚至只有十几个人、几个人的团队规模。像 36 氪、钛媒体等成熟的科技垂直媒体，一条、逻辑思维等新内容公司，都只是百人左右的规模，却取得了超过以往大众传播集团的社会影响力与商业影响力。

对媒介产业而言，小众经济的崛起正在预言的，是新的新一轮的媒体创新局面，也是新一轮“颠覆式创新”的兴起。如前文所论述，随着媒介消费模式的变迁，众多小型内容公司正在迎来爆发式增长。在传媒领域里，小众经济正在成为可能。作为媒体小众经济的代表，各类自媒体正在成为平台型媒体之间博弈的“兵家必争之地”，继而市场的争夺和资本的介入不可避免地成为焦点之一。

对于媒介与资本和市场的关系，作为公共媒介代表的英国“媒体改革同盟”（Media Reform Coalition）于 2018 年 3 月 15 日发布了最新报告，题为《BBC 的未来》（Draft Proposals for the Future of the BBC），直指商业化给英国公共广播带来的风险。报告从民主、资金、公共责任等多个方面提出 BBC 需要一次激进的改革以重新履行其公共媒体的职责。

在传媒经济领域，最难掌握的尺度之一就是经济资本的运作和公共责任之间的权衡，媒介消费者和消费行为日渐流动化的今天，媒介产业的公共危机与商业模式之间仍然有亟待探讨的密切关系。

小众媒体的发展与媒体平台扶植力量密不可分。2017 年，微信公众号月活跃账号数 350 万，较上一年增长了 14%，月活跃粉丝数 7.97

亿，相比于2016年增长了19%[①]。除此之外，各平台媒体的建设与开放，给传统自媒体、音频自媒体、直播自媒体以巨大的孵化和支持。

2014年，第一个提出“平台媒体”（Platisher）概念的是美国社交媒体网站创始人乔纳森·格利克（Jonathan Glick），他用Platisher来描述平台（plat）和媒体（publisher）的交叉部分，平台媒体包含两个方面。一方面，该平台由雇用或编辑，作者为自己的平台生产内容。另一方面，通过开放内容发布平台，媒体可以将内容生产和消费模式转变为平台。综合平台型媒体是基于开放平台的用户，适当的算法技术结合了专业的媒体编辑操作形式，所以本质上是科技平台型媒体平台的开放性特征和媒体控制属性在出版领域的融合。自2009年以来，社交媒体和平台媒体相继推出，每个平台都在争夺质量创造者和内容。

2017年底，平台各自推出对自媒体的扶植计划。企鹅号发布了全平台分发的大内容开放战略，推出了助力内容产业升级的“百亿计划”，以及最新分成策略、企鹅MCN计划、内容版权联盟等具体措施。简单说，涵盖了几个核心策略。全平台分发提供100亿的流量支持。精品内容孵化100个精品短视频孵化项目。拿出100亿的资金，通过“内容分成+平台支持+专项投资”三位一体的分成方式支持内容创作者。头条号高调提出的“千人百万粉计划”，宣布未来1年内，在平台上孵化出一千个拥有百万粉丝账号。大鱼计划积极扶持新锐账号，重金签约优质作者并辅以大鱼潜力奖金，鼓励独家和原创的新锐内容[②]。

除此之外，据不完全统计，2014年至2017年，通过建立生产内容成功融资的自媒体号约194个，分别通过直接投资与新三板上市等方式获得资本支持。

与此同时，资本参与之下的自媒体生态也正在发生危机。媒体人、一点资讯总编辑吴晨光曾经表达过忧虑，他担心过多的资金并没

---

① 数据来源于腾讯发布的《2017微信数据报告》。

② 数据参考自内容之争进入“生态战”，头条号、大鱼号、企鹅号三足鼎立_科技频道_东方头条 http://mini.eastday.com/a/171214161745047.html。

有分配给真正优质的内容制造者，而是分配给了以创造自媒体账号，继而以博人眼球的标题和侵犯版权的内容拼接来吸引流量的“做号党”，从而让自媒体的生态走向恶性循环。利益驱动下，内容制造者与平台的共谋，所造成的将是公共信息秩序的危机。2017 年 12 月 29 日，网信办勒令今日头条手机客户端“推荐”、“热点”、“社会”、“图片”、“问答”、“财经”六个频道自 2017 年 12 月 29 日 18 时至 12 月 30 日 18 时暂停更新 24 小时。凤凰新闻手机客户端“头条”、“推荐”两个频道自 2017 年 12 月 29 日 18 时至 12 月 30 日 6 时暂停更新 12 小时。被视为是对聚合平台、算法推荐的第一次重要监管。

# 03

# 信息新穷人

贫困最终并不是收入问题，而是一个无法获得某些最低限度需求的能力问题。

——阿玛·蒂亚森

学界关于“信息贫困”的讨论，主要集中在对“信息不平等”（information inequality）的研究中，提出各种界定“信息不平等”的基础概念，如信息技术采纳差距[①]、信息利用差距[②③]、信息吸收差距（即知识沟）[④]等。2009年，学者丹尼斯·欧楚拉（Dennis Ocholla）结合各方研究，从五个层面上正式描述了“信息穷人”（information poor）这一群体，包括：1）发展中国家经济上极度贫困的人口。2）受限于地理因素而缺乏必要基础设施的贫困人口。3）受限于文化与知识水平的老年人口、儿童等。4）受到种族、信仰和宗教其实的少数民族。

① Van Dijk JAGM. The deepening divide：Inequality in the information society. [M] London：Sage Publications，2005. pp.168-199.

② Lievrouw L A，Farb S E. Information and equity[J]. Annual Review of Information Science and Technology，2003，37：499 -540.

③ Selwyn N. Reconsidering political and popular understandings of the digital divide[J]. New Media & Society，2004，6：341 -362.

④ Van Dijk JAGM. The deepening divide：Inequality in the information society[M]. London：Sage Publications，2005. p.126.

5）残疾人[①]。概念的内涵基本集中于因硬件、物质因素被隔绝在信息流之外的人群。然而，是否可以默认接入了 ICT 设施、购买了信息终端、掌握了基本使用技术的人群就是丰富信息的拥有者呢？在互联网人群增长逐渐趋缓，人口红利不断缩减时，信息上的“贫困”，是否还应该以拥有接入资源为唯一衡量标准呢？

诺贝尔经济学奖获得者阿玛蒂亚·森（Amartya Sen）因对贫困问题的长期关注，而被称为“最具有人文精神的经济学家”。他提出的“非公式化”的“权利方法”（Entitlement Approach），被看作最具人文精神的分析贫困成因的理论视角。“权利方法”所重视的是每个人控制把握食物在内的商品组合的权力，并把贫困看作是未被赋予取得一个包含有足够事物组合权力的结果[②]。阿玛蒂亚·森并没有将“穷人”作为一个合理分类，而是以拥有类似资源禀赋的人作为一个分类，他认为不同阶层的人可能因为不同的原因陷入困境。因此在贫困问题的研究中，他出人意料地放弃“富人”与“穷人”的分类方法，而是提出：“消除贫困的最好办法是关注那些恰好位于贫困线之下的人，而不是陷入极度贫困的人。”[③]

我们能否借鉴这样的分类标准，将“信息穷人”的基础概念做进一步的延伸？是否可以从拥有的禀赋角度探讨，谁是位于贫困线之下，亟待解救的那部分“信息穷人”？有学者在关于高等教育中图书馆资源的公共性研究中提出过“信息新穷人”（Information New Poor）的概念，用以指代“新”的信息贫乏者——并非无法连接互联网的人群，而是那些拥有计算机和互联网连接、会使用互联网技能，但由于高昂的成本而无法获取学术信息的个人和社区[④]。这一概念率先将信息是否匮乏与是否必然拥有接入设备区分开来。

---

① Ocholla, Dennis. Information ethics education in Africa. Where do we stand？ [J] International Information & Library Review 2009，41.2：79-88.

② 阿马蒂亚·森 . 贫困与饥荒 [M]，北京：商务印书馆，2016：16.

③ 阿马蒂亚·森 . 贫困与饥荒 [M]，北京：商务印书馆，2016：191 192.

④ Lauren Bradley, Brian Soldo. The New Information Poor: How Limited Access to Digital Scholarly Resources Impacts Higher Education[J]. *Serials Librarian*, 2011, 61（3-4）: 366-376.

"新穷人"（new poor）同时也是著名社会学家鲍曼"流动现代性"理论的概念之一，是指"有缺陷的（flawed）消费者、失败的消费者"。其中"有缺陷"被鲍曼解释为："并不精通消费之道，还做不出种种老练的选择。"[①]"新穷人"指在社会整体消费环境的影响下，一部分人的生活能力、工作热情、学习意愿和消费意愿都将降低，导致了个人收入和生活品质迟迟得不到提升，从而最终进入"底层社会"。"信息新穷人"的特质，与鲍曼所总结的这种"有缺陷"、"无选择"、"低品质"息息相关。

由此我们说，在9亿多手机互联网用户之中，那些花费众多时间和精力在刷信息，但无法获取优质信息，被迫置身于冗余信息、碎片化信息、无效信息甚至真假难辨的谣言之中的人群，是不同于完全未接入互联网的"信息穷人"，而是在接入优质信息过程中权利、能力受限的"信息新穷人"。信息穷人与信息"新穷人"的区别如表6–2所示。

**表6–2 信息穷人与信息"新穷人"**

| | 统计表现 | 事实表现 |
|---|---|---|
| 信息穷人 | 未接互联网 / 非网民 | 无法使用互联网信息 |
| 信息"新穷人" | 已接入互联网 / 网民 | 受限而无法获得优质信息 |

## 6.3.1 "信息新穷人"的形成机制之一

关于经济贫困的具体成因，阿玛蒂亚·森认为："贫困最终并不是收入问题，而是一个无法获得某些最低限度需求的能力问题。"[②] 基于这一理论视角，我国经济学者分析"信息贫困"形成机制，结论是："直接信息权利"失败和"贸易信息权利"失败。

"其中'直接信息权利'失败主要原因是信息基础设施的缺失和

① 齐格蒙特·鲍曼．全球化：人类的后果[M]，北京：商务印书馆 2013：93.
② 阿马蒂亚·森．贫困与饥荒[M]，北京：商务印书馆，2016：202.

个人信息素养低下”①，即我们所说的“信息穷人”的成因。而“‘贸易信息权力’失败是由信息交换权力不对等引起的。穷人的信息交换权力失败，最终必然导致信息资源配置不平等，形成信息贫困状态”，即我们所说的“信息新穷人”的成因。

然而，这一主要侧重于宏观经济层面的研究，对直接信息权力失败有较为深入的讨论，对于如何形成“信息交换权力失败”的微观层面讨论并未深入。本文是在此研究基础上基于媒介产业现状的考察，对“信息交换权利失败”的形成机制做进一步探讨。

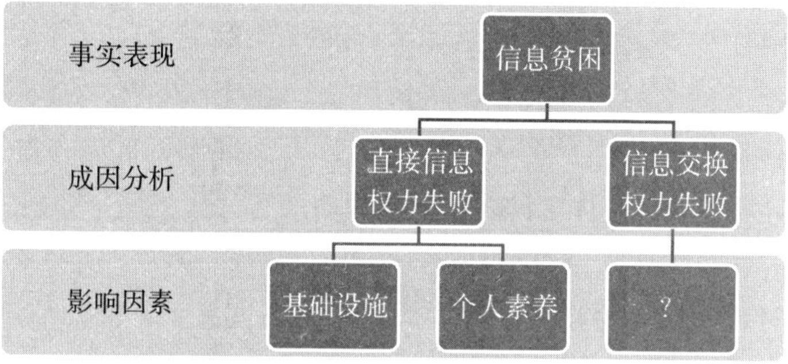


**图6-1 信息贫困的成因分析（相丽玲、牛慧，2016）**

“网络交换论”（Network Exchange Theory，NET）建立了一个通过“行动者偏好—社会关系—社会结构”的框架分析权力分配的路径②。值得注意的是，信息不同于其他物质产品，信息产品具有公共性，即信息的交换过程并不造成信息所有者的损失，信息反而因为传播价值的增强而增值。那么，对于“信息交换权力”的分析，更像是在信息“网络交换论”中，对信息传播结构基于“行动者偏好—信息关系—信息结构”权力分配过程的分析。

---

① 相丽玲，牛丽慧.基于阿玛蒂亚·森权利方法的信息贫困成因分析[J]，情报科学.2016（8），47-51.

② 李艳春，刘军.网络交换中的权力：三维研究架构[J]，东南学术.2015（2），48-55.

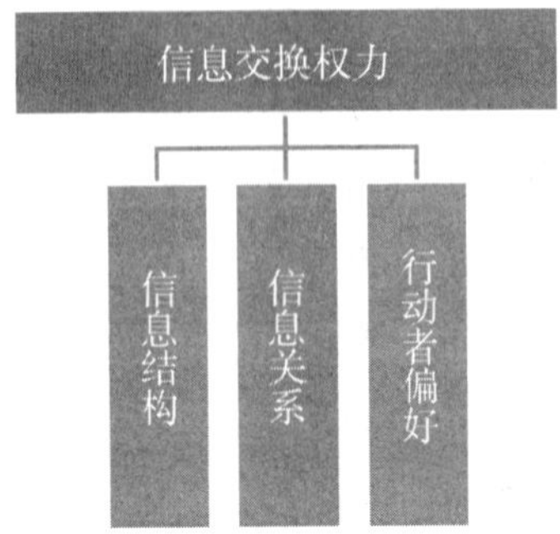


**图 6-2　信息交换权力的基本分析框架**

美国社会学家、经济学家马克·格兰诺维特（Mark Granovetter）认为，社会网络中人际关系，可以分为“强关系”和“弱关系”两类。个体同质性较强，个体之间关系较为紧密强关系为“强关系”。而个体异质性较强个体之间关系并不紧密的为“弱关系”①。之后又有学者研究强弱关系理论对信息流动传播的作用，认为“弱关系”在信息传播过程中影响作用更明显，弱关系对不同关系社群的信息传递，起到了一定的桥接作用②。

在社交媒介时代，每一个置身于社交媒介关系之中的人都被这种“弱链接”所影响，朋友转发的内容会进入你的社交信息流，成为你的信息源，而亲密家人通常并不是。由于这种“弱链接”关系的大量存在，社交网站上个人所见内容基本都是由媒介框架和个人关系框架共同所构成——媒介组织发布海量内容、弱链接们的选择决定部分进入你视线的“媒介菜单”。相比之下个人框架正在越来越发挥着重要的作用。由于社交媒介的无处不在，以及通过社交媒介消费新闻和资讯的普遍性，消费者之间的关系网正在与信息传播网络镶嵌在一起。以关系为渠道，以多元共同体为特征的社交传播时代正在到来，其表象在于，任何微小的兴趣、事件、话题，都可以集结成为稳定的或者

① Granovetter, Mark. The Strength of Weak Ties: A Network Theory Revisited. [J] *Sociological Theory* 1.6（1983）：201-233.

② Haythornthwaite, Caroline. Strong, Weak, and Latent Ties and the Impact of New Media. [J] *Information Society* 18.5（2002）：385-401.

临时的共同体，“人以群分”的基础范围以及集结速度都是空前的。

于是，人们更多地选择在微博或微信上关注与自己兴趣相近、三观契合的人，屏蔽自己不了解的领域，拉黑意见不合的观点持有者。社交网络上的“朋友圈”会造成自我价值观的不断强化和固化，偏好成了唯一标准。

随着算法推送的兴起，媒介信息系统不断追求与个人需求相匹配的“精准推送”，由于算法技术仍在成熟过程中，大规模的使用算法推送建立起个人世界的“信息茧房”，使得使用者迷失于上述的“井口”。数据技术是巨大的进步这毋庸置疑，但就目前的发展状况来看，疲于奔赴赶场“流量经济”的大数据技术，某种程度上成为“标题党”、“眼球新闻”、“流言传播”的技术依据，也成为个人不断缩小视野固化思维的某种帮凶。

美联社战略经理、人工智能主管弗朗西斯科·马可尼（Francesco Marconi）指出，以数据为基础的机器新闻正面临着“新闻直觉”的挑战，人类有一个复杂的适应性体系去评估彼此言论中体现的价值判断，随着关系的深入，人类对于彼此价值判断的理解也越来越细致，机器新闻目前还很难做到这一点。美国国家公共电台旗下移动应用NPROne总编Tamar Charney在《尼曼新闻实验室》2017年底的终结中说:“越来越多的NPROne听众表示自己并不想要个性化推送，而是希望获得更加全面的信息”，而数据推送仍然勤勉地致力于打造这样的便捷渠道。

2014年，第一个提出“平台媒体”（Platisher）概念的是美国社交媒体网站创始人乔纳森·格利克（Jonathan Glick）。他用Platisher来描述平台（plat）和媒体（publisher）交叉部分，平台媒体包含两个方面：一方面，该平台由雇用或编辑，作者为自己的平台生产内容；另一方面，通过开放内容发布平台，媒体可以将内容生产和消费模式转变为平台。综合平台型媒体是基于开放平台的用户，适当的算法技术结合了专业的媒体编辑操作形式，所以本质上是科技平台型媒体平台的开放性特征和媒体控制属性在出版领域的融合。自2009年以来，社交媒体和平台媒体相继推出，每个平台都在争夺质量创造者和内容。各大自媒体平台上线时间见表 6–3。

**表 6–3　各大自媒体平台上线时间**

| | |
|---|---|
| 2012 年 8 月 | 微信公众号上线 |
| 2013 年 5 月 | 今日头条推出头条号 |
| 2013 年 12 月 | 百度百家上线 |
| 2016 年 3 月 | 腾讯企鹅号上线 |
| 2016 年 4 月 | 网易号上线 |
| 2016 年 11 月 | 凤凰号与一点号内容互通 |
| 2017 年 3 月 | 阿里文娱大鱼号上线 |

平台媒体各自推出对自媒体的扶植计划。企鹅号发布了全平台分发的大内容开放战略，推出了助力内容产业升级的“百亿计划”。拿出 100 亿的资金，通过“内容分成 + 平台支持 + 专项投资”三位一体的分成方式支持内容创作者。头条号高调提出的“千人百万粉计划”，宣布一年内在平台上孵化出一千个拥有百万粉丝账号。大鱼计划积极扶持新锐账号，重金签约优质作者并辅以大鱼潜力奖金，鼓励独家和原创的新锐内容。除此之外，据不完全统计，2014 年至 2017 年，通过建立生产内容成功融资的自媒体号 194 个，分别通过直接投资与新三板上市等方式获得资本支持。与此同时，资本参与之下的自媒体生态也正在发生危机，在“流量经济”的商业模式之下，很多资金并没有分配给真正优质的内容制造者，而是流向了靠低俗与虚假内容吸引流量的“做号党”，在利益驱动下，内容制造者与平台的“共谋”，所造成的将是公共信息秩序的危机。

2017 年 12 月 29 日，网信办勒令今日头条手机客户端“推荐”、“热点”、“社会”、“图片”、“问答”、“财经”六个频道与凤凰新闻手机客户端“头条”、“推荐”两个频道分别关停整顿被视为是对聚合平台、算法推荐的一次重要监管。而 2018 年内几次由公共事件所引发的，全民对百度公司搜索功能商业化的声讨，也印证了资本控制的信息结构正在造成全民信息获取的危机。

资本干预之后的巨大危机，可以用资本逻辑与需求逻辑的冲突来解释。人的需求大致可分为三大部分，即基本需求、高级需求和特殊需求：人的这三大需求就展现为人的真实、本真的需求发展规则，即需求逻辑；满足人的真实需求的产品提供和消费就展现为人的消费逻辑，即消费规则。市场经济出现之后，便产生了资本逻辑，资本逻辑是追求利益最大化和资本增殖[①]。

由此我们可以看到，受众偏好的偏差、信息关系对社会资本的依赖，以及产业结构的资本化，共同决定了“信息交换权力”的分配。这一分配的结果：中观层面上造成企业资本倾向封闭平台，微观层面上个人选择与价值观缺失的数据推送造成个人“信息茧房”，信息新穷人，即便拥有了接入设备、具备基本的媒介素养，仍然受制于资本、算法和社会关系的积累，形成数据富有但信息贫困的地步。

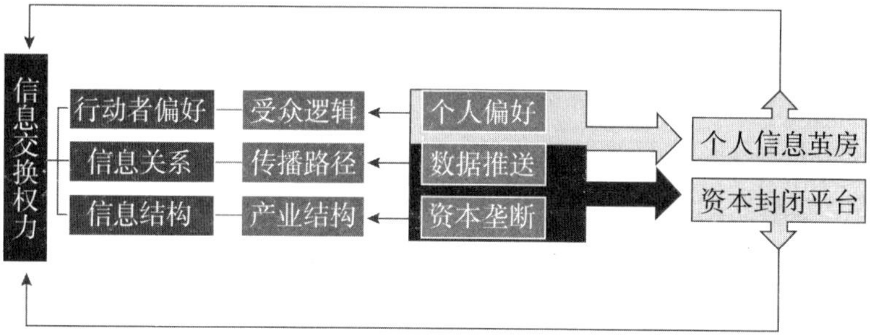


图 6–3　信息交换权力失败成因分析

## 6.3.2 产业结构所导致的“主动贫困”与“被动贫困”

当前传播业是三重逻辑的交织，即计算机逻辑、媒体传播逻辑、社交逻辑[②]。计算机逻辑决定计算机技术和大数据算法，对内容传播的

① 胡敏中 . 需求逻辑、消费逻辑与资本逻辑 [J]，学术研究 . 2016（5），38-43.

② Siapera，A. Understanding New Media[M]. London：Sage，2011. pp.15-16.

收集、制作和分发，依赖于无限的数据匹配。媒体传播逻辑决定了媒体需要不断审视渠道的变迁，受众的变化，力求在生产立场上更多地调整和融合，以维持受众的关注度。社交逻辑决定消费者的社会关系网正在与信息传播网络镶嵌在一起，共同决定传播的内容质量。这三重逻辑之间互相影响，互相辅助，形成当下传播业的基本局面。同时也决定了，信息消费者所陷局面的主被动因素。

### （一）主动贫困：个人信息消费无法摆脱的“失序”

传统媒体与所谓新媒体的根本区别在于“有界”与“无界”。拜无远弗届的技术所赐，新媒体的“无界”体现在永无休止的超链接、随时更新的新内容，不断延伸至更多信息，只要消费者想继续了解总会有更多的内容不断延展，没有所谓终结。因此，传统媒体的是给定边界的，而新媒体消费的边界取决于消费者的精力、时间、兴趣的自我配置。也正因如此，新媒体发展的一大结果就是消费者对于信息丰富的焦虑，对于冗余信息的不确定，对未知内容的恐惧，对延伸内容的茫然。

无界的确给了信息消费者空前的自由，但显然必须正视自由的后果，如同鲍曼认为，自由的代价比如是“失序”。在无边无际的信息海洋中遨游的同时，消费者也常常对于信息的真实性、可信性、重要性不断反思和质疑，对于所消费信息在信息海洋中的位置缺乏判断，甚至兴趣之外的世界充满不安。

在以广告收益反哺零售不足的大众报纸诞生之前，报纸是昂贵的付费品。消费者要为其刊登的信息获知权付费，为撰写消息和编辑消息的劳动付费。因为没有广告收入的补偿，报纸的订阅与零售模式，传承工业革命之前物价交换的最近本原则。大众传播时代开启了廉价报纸附加广告的模式，在大众传播时代末期，互联网的“免费”经济，更是将获得信息置于不需要付费的商业境地。从经营模式上看，为信息采集和编辑的劳动直接付费，是媒介经济最早的模式，媒介经济的原初，是信息与货币的直接交易。大众传媒时代，随着“便士报”价格的大幅度降低得意普及和娱乐化，并同时以更广的覆盖受众所赚取的注意力来换取实质上是大众传媒业经济命脉的广告收入。

如前文所述免费时代过去之后，消费者正在为“秩序”和“边界”付费。当手握丰富的媒介设备却无优质信息可消费的“信息新穷人”准备为优质内容和信息秩序“付费”之后，信息消费者将获得优质的内容，并对内容的付费换得优质内容生产者的再生产，从而形成良性循环。《纽约时报》产品经理汉娜·卡修斯（Hannah Cassius）在尼曼新闻的采访中说“打破社交平台上的社群分化，不能依靠一己之力，而是需要在读者、新闻机构和社交平台的共同配合下完成。其中，最重要的就是依靠读者的力量。”她曾预测，2018 年，社交平台上的“朋友圈”将会被打破，人们将会更多地接触到与自己向左的意见和更加新鲜的领域，显然她的预言只是美好的期望。

### （二）被动贫困:“反互联”精神的产业结构顽疾

注意力是媒介产业的生命线，“流量经济”正在成为新媒体所争取的命脉所在，对流量经济的无法摆脱几乎可以解释产业大部分问题所在。

2018 年，微信月活用户突破 10 亿，350 万月活微信公众号如何将 10.82 亿庞大用户社交剩余的点击量和注意力留在这一巨头公司内，是资本必然会极力追逐的商业机会。因此，近两年陆续出现过的微信平台对抖音链接的屏蔽，对淘宝链接的不支持等一系列商业纷争，也非常具体地体现了 BAT 公司的流量为上、各自垄断的局面，甚至不惜有违平台媒体的开放初衷。

有学者系统梳理了中国 IT 业 20 年反垄断历程的三大阶段：第一阶段，反 Wintel 垄断阶段（1995—2003 年），对微软和英特尔垄断的挑战及中国 IT 业反垄断意识的启蒙。第二阶段，从计算到通信的转型时期（2003—2012 年），反垄断立法的推进和建立以及对三大运营商的反垄断。第三阶段，互联网 BAT 垄断阶段（2012 年至今）[①]。可见，BAT 对媒介渠道、媒体资源和话语权的巨大影响力和介入能力是又一轮反垄断法需要正视的问题，在不同领域中超级企业的影响力也在逐渐渗透，一方面，学术界认为垄断极大地破坏了互联网竞争环境和产业生态，损害中小企业的生存状况，另一方面，过于集中的资本会对舆论环境甚至文化环境造成不良的影响。有效的平衡竞争与垄断，迫在眉睫。

综上所述，“反互联”的产业现状与过于依赖算法推送的内容机制，正在形成个人信息交换权力的“被动失败”。对信息消费“失序”状态的不作为，则正在形成个人信息权力获取的“主动失败”。这样的主动与被动的“信息交换权力”失败，与前人研究的“信息交易权力”的失败，共同造成了我们所讨论的“信息新穷人”的形成。

在当下的受众关系结构中，富权的受众成为相互之间的信息源、互释人，每一个非权威的个人，似乎都可以影响到其他人对一个事件的看法，抑或是增加事实的更多不确定性。技术的便捷性与扩散力使得这样的“不确定”很难被纠正，于是，基于社交媒体时代的误读、谣言、群体情绪显得更加突出和强烈。“解决之道”除了消费者自身需要主动摆脱信息茧房、为优质内容付费之外，飞速发展的互联网技术和传播产业结构自身存在的弊病，有着无可逃脱的责任，亟须得到重视。

第一，开放、互联，以重拾个体赋权

本质上说，秉持开放与免费精神的互联网，作为一种新的权力来源，应该基于对个体与自组织群体的激活能力，更多地为社会中的“相对无权者”进行赋权。但产业界近年来逐渐背离互联精神的产业竞争结构，正在集体吞噬这样的个体赋权，无差别个体的利益正在被技术垄断与流量利益所淹没。在互联网经济人口红利逐渐趋稳的下半场，在个人媒介时间与媒介人口数量都趋于饱和的“产业边界”，重

① 方兴东，卢卫，陈帅．中国 IT 业 20 年反垄断历程和特征研究，汕头大学学报（人文社会科学版），2017（3），27-39.

拾互联精神是更高层次上的健康竞争。

第二，探索新的商业模式，为优质内容生产机构的经济赋权

在媒介研究者看来，媒介产业面临的逻辑变革，其根本是固有秩序的失衡和新秩序的不可认知。寻求媒介消费中的秩序就是尝试对新秩序的探索。随着众多优质媒体经济模式的倒塌带来的“失声”，为优质内容生产者寻找多元化的商业模式，是给予其声音渠道的经济加权。无论社交媒体是不是真如预言，随着人们对碎片信息的疲倦而走向末日，主流媒介都有责任负担信息传播的公共责任，通过对信息传播良好秩序的建立，来避免“信息新穷人”的出现。

第三，数据治理，为未来发展建立数据价值观

大数据正在不断的描绘每一个 ID 身份的清楚面目和个人喜好，那些成功运用了“大数据 + 心理侧写”（Psychological Profiling）的公司，正在展示他们巨大的引导效果。因涉及 2018 年 3 月 Facebook 信息泄露这一事件而广为人知的数据公司 Cambridge Analytic 曾在它的官网上描述其公司使命，“通过了解个体的动机以及与目标受众互动的方式来实现数据驱动的行为改变”。他们可以让你看到什么，甚至左右信息之后带来的决策，他们的著名战果就是脱欧公投与特朗普的当选。数据是绝对理性而冰冷的，而人不是。如何正确使用数据和算法，给优质以动力、给劣质以屏障，是数据应用的价值观所在。随着 5G 商业应用的开启，虚拟技术与人工智能即将带来更为丰富的媒介应用场景，建立数据价值观是对未来潜在危机的积极应对。

# 04

# 人机伦理危机

由于人类主体被想象成具有明确边界的自主的自我，所以人类计算机的界面就只能被描述成一种分隔——这一边是真实生活的可靠性，另一边是虚拟现实的幻觉——由此模糊了由虚拟技术的发展带来的深远变化。

——海勒

哈佛大学尼曼新闻实验室（The Nieman Journalism Lab）在2017年底邀请了全球范围内百余位“最聪明”的媒体人，共同探讨未来一年新闻行业将迎来哪些新的发展趋势。Quartz Bot Studio 研发工程师 John Keefe 表示，在未来，机器学习将被应用于重大新闻事件的调查工作中，揭示人类无法轻易获得的新闻事实。例如，ProPublica 公司的 Jeremy Merrill 已经利用机器学习来对国会议员进行背景调查。BuzzFeed 的 Peter Aldhous、Christian Stork 和 Charles Seife 利用机器学习来判断美军是否对飞机进行了监视。Andrew McGill 利用机器学习来判断特朗普总统是否正在编辑 Twitter 等。这无疑是人类利用人工智能的更高境界，除了讨论人是否会被及其替代，更有意义的讨论是关注人如何更科学地使用机器。

与此同时，美联社战略经理、人工智能主管 Francesco Marconi 指出，以数据为基础的机器新闻面临着“新闻直觉”的挑战，人类有一个复杂的适应性体系去评估彼此言论中体现的价值判断，随着关系的深入，人类对于彼此价值判断的理解也越来越细致，机器新闻目前还很难做到这一点。在这次研究中，笔者也对媒介消费者做了一个问卷调查，其结果显示，绝大多数消费者对算法推荐的结果并不满意，可能他们在人口统计学意义上的数据非常相近，却仍然有众多无法数理化的需要，无法标签化的人格。这些微妙的差异始终是人区别于机器的重要组成部分。

消费社会的结局是“我们都不一样”的初衷与“我们都一样”的结果混杂在一起[①]。《群体性孤独》的作者、麻省理工大学的社会学系教授雪莉·特克尔（Sherry Turkel）在她的另一力作《重拾交谈》中，列举了众多如今我们各种期望，但最终司空见惯的行为：相爱的人宁愿通过短信聊天，家人之间靠邮件表达异见以避免面对紧张气氛，开会时查看邮件和社交更新等，她总结到“我听到的是人们对分神、舒适和效率的渴望，这些举动不可能达到真正交谈所能达到的效果”。而谈话的缺失正在导致同理性危机，削弱了个人在公共生活中的重要性。雪莉还引用了《瓦尔登湖》作者亨利·戴维·梭罗的例子，“许多人都误以为，他之所以隐居是为了避免交谈……但这绝对不是一次简单的静修，他说‘三把椅子，独处时用一把，交友时用两把，社交时用三把。雪莉评价说，三把椅子是一种良性循环，仿佛将谈话与同理心以及自行能力链接了起来。而技术破坏了这种良性循环。”

这种破坏是从独处开始的，离开手机超过一定时间，人会感到担心和焦虑；离开社交媒体一定时间，会担心错失重要信息。2016年12月，由腾讯研究院S-Tech工作室发起了一场“社交斋戒”的现场实验，实验参与者85人，22人为质化研究，其余则被分为实验组32人，控制组31人。质化研究组与实验组，均实施社交斋戒，控制组正常使用。并均有前测后测。理想状态下的“斋戒”是彻底不使用。

① 穆宝清．流动的现代性：齐格蒙·鲍曼的后现代性思想研究[J]．中山大学学报（社会科学版）.2013（5）53，151-158.

但这对微信研究存在困难：对许多人而言，微信牵涉到一些重要信息源和必要沟通。因此实验将调整为“尽可能少使用”，经预实验考量后，最终设定为每日使用时长不超过 30 分钟。实验结果表明：斋戒后被试的消极情绪显著降低，但积极情绪未发生改变；斋戒后被试的生活满意度未发生改变。斋戒后被试的疏离感未发生改变。社交网络斋戒后被试的工作 / 学习投入显著提升。其中的一位参与者在活动结束后接受《广州日报》采访时说，他在实验结束的几天里曾经“报复性”使用微信，甚至比以往更为沉迷，之后几天才恢复常态。活动的组织者也在后续的媒体采访中说，大家都希望有注重一对一沟通、面对面的线下交谈，这都是深化社交质量并同时获得情感支持的“更好的社交”。

拥有了独处的能力，你才可以在他人需要时伸出援手，视他人为独立的个体。神经科学家认为，滚动浏览信息这样的行为，是一种“寻觅事物的内驱力”，同时也是一种新的警惕行为，“他们想确保自己不错过任何东西”。

雪莉在她文章的最后描绘了“第四把椅子”的可能——“人造的虚拟世界”，当机器人护理、人工智能玩具、甚至机器恋人都走入我们的生活之后，我们正在面临“将机器看作人”，同时也将“人看作机器”的恶果。

有关电子人（cyborg）的设计中，最重要的部分是有机身体和延伸假体的信息通道。这种设想提出一种新的信息观念，把信息视为某种无形的实体，可以在以碳元素为基础的有机部件和以硅元素为出的电子部件之间相互流动，从而使碳和硅就像在同一个系统中运行。一旦信息摆脱载体的束缚，将人类和计算机相比并论就会特别容易，因为思维的物质性是通过个体例证予以说明的，对于思维的本质而言，它只是一种偶然性。此外，反馈回路的想法暗示，独立主体的边界是客供争夺的，因为反馈回路不仅可以在主题内部，而且可以在主体与环境之间流动，从诺伯特·维纳开始，信息通过反馈环就与自由人本主义主体的结构密切相关，我所关注的也正是这种版本的“人类”。

尽管关于“后人类”的阐释各不相同，担忧一个共同的主题就是人类与智能机器的结合[①]。

后人类学家海勒认为：“由于人类主体被想象成具有明确边界的自主的自我，所以人类计算机的界面就只能被描述成一种分隔——这一边是真实生活的可靠性，另一边是虚拟现实的幻觉——由此模糊了由虚拟技术的发展带来的深远变化。[②]”

当前，“赛博格”（cyborg）是一个出现频率很高的科技与文化术语，其与仿生人、机器人、克隆人等相关概念夹杂在一起，共同构建了一个“后人类”图景，冲击着传统的“人”的概念史书写[③]。

赛博格被塑造为一种文化，流行于当今社会的同时，其对象指涉却多有含混之处。这一方面来自后现代哲学对赛博格的过度阐释，另一方面也来自大众文化与商业文化的随意附贴，赛博格因此常处于被“强制征用”的情况[④]。

“赛博格”一词从创生至今已有大约 60 年的历史。1960 年，来自美国罗兰克州立医院的两位研究者克莱恩（Nathan Kline）和克莱因斯（Manfred Clynes），在向伦道夫空军基地递交的报告《药物、太空和控制论：赛博格的进化》中提出了赛博格的想法，后来又在美国《宇航学》杂志发表了《赛博格与太空》一文，“赛博格”这一概念逐渐流传开来。在文章中，作者设想了一个解决太空旅行的办法，就是将自动化的外接设备与人体重新构成一个控制论系统，以拓展自我调节的功能。这样一来，宇航员就能够通过设备的调节（如药物的自动释放）来适应外太空环境，像“超人”一样在太空中存活[⑤]。

根据经典控制论理论和科幻作品中的形象，笔者认为：赛博格指身体与科技人造物在控制论下重组之后的人（有时也指动物）。根据

① 凯瑟琳·海勒. 我们何以成为后人类：文学、信息科学和控制论中的虚拟身体 [M]. 刘宇清译，北京：北京大学出版社 2017：52-53.

② 凯瑟琳·海勒. 我们何以成为后人类：文学、信息科学和控制论中的虚拟身体 [M]. 刘宇清译，北京：北京大学出版社 2017：393.

③ 李国栋. 对“赛博格”进行概念考察 [N]. 中国社会科学报，2020-07-07（004）.

④ 李国栋. 对“赛博格”进行概念考察 [N]. 中国社会科学报，2020-07-07（004）.

⑤ 李国栋. 对“赛博格”进行概念考察 [N]. 中国社会科学报，2020-07-07（004）.

重组的程度和方式，赛博格又可划分为填补型赛博格、器置型赛博格、代理型赛博格和虚拟型赛博格这四种类型[①]。当我们转换视角，从反思人类中心主义的方面重新思考人机关系时，却发现我们对于非人类主导的人机关系的想象是贫乏的，只能在一些科幻题材的文学和影视作品中瞥见些许可能性[②]。而当机器测试将你的意志、愿望和直觉，并胶结成了一个分布式的认知系统，在这个系统中，再现的身体与表现的身体通过不断灵活变化的机器界面结合起来。当你凝视着闪烁的能指（符号 / 标记）在电脑显示屏上滚动，不管你对自己看不到却被表现在屏幕上的实体赋予什么样的认同，你都已经变成了后人类[③]。

信息已经失去了它的身体，并不意味着人类和世界也要失去自己的身体。并非所有的理论家都一致同意将信息思考为一种无形的实体——与体现它的媒介相分离的实体。[④]传播学领域的赛博反思也与人机界面的实体性有关——如何跟机器交流，如何和分布式认知打交道。自然与文化的界线消失了以后，我们怎么理解它们之间的关系。信息 / 传播、物质 / 身体之间的关系发生松动之后，人还需不需要身体，具身化是不是我们人类或者传播存在的必要条件。[⑤]

5G 时代视频化、虚拟化传播环境下，如何与实体信息载体相交流，如何与失去载体的信息相协作，这一基础媒介素养教育须更为紧要地纳入基础教育系统，将信息环境中成长起来的少年儿童作为信息素养教育的对象，从符合认知心理的角度不断调整素养教育的内容和方式，培养未来受众的基本媒介素养。一直以来，作为一个几乎没有任何历史和文化意义的新型人群，儿童只被当作是互联网的“用户”，与家庭成员、在校学生、年轻公民和新型消费者这些身份分离开来。

---

① 李国栋 . 对“赛博格”进行概念考察 [N]. 中国社会科学报，2020-07-07（004）.

② 李莹莹 . 后人类语境中的人机关系——以《爱、死亡与机器人》为例 [J]. 广州大学学报（社会科学版），2020，19（02）：70-76.

③ 凯瑟琳 · 海勒 . 我们何以成为后人类：文学、信息科学和控制论中的虚拟身体 [M]. 刘宇清译，北京：北京大学出版社 2017：7

④ 凯瑟琳 · 海勒 . 我们何以成为后人类：文学、信息科学和控制论中的虚拟身体 [M]. 刘宇清译，北京：北京大学出版社 2017：328.

⑤ 刘海龙，传播中的身体问题与传播研究的未来 [J]，国际新闻界 2018（3）37-46.

然而在 5G 时代空前泛在化的信息环境之中成长起来的新一代少年儿童，信息化生活已经不可或缺和自然而然，媒介化阅读与思考也难以避免。面向全民的素养教育须从信息基本素养、信息安全意识以及人机伦理教育等方面展开。

将人工情感作为社交机器人的典型特征之一已经成为学界共识，由于人工情感的不真实性和人类情感的真实性之间的失衡性关系，引发了一系列伦理风险问题，其中主要体现于社交机器人对人类同理心的操控性和其欺骗性。因此，科学的区分人与机器为源头的信息、前瞻性地理解人与机器的伦理区别，理解人机关系中的伦理边界，理应成为新一轮媒介研究的题中应有之义。

# 参考文献

1. Adler, M.(1985). Stardom and talent. American Economic Review, 75, 208–212.

2. Alex Inkeles, “Making Men Modern: On the Causes and Consequences of Individual Change in Six Developing Countries” , American Journal of Sociology, 1969, 75(2), pp.208–225.

3. Bar Lev, Yehuda, Elias, Nelly & Levy, Sharona T.(2018). Development of Infants’ Media Habits in the Age of Digital Parenting. A Longitudinal Study of Jonathan, From the Age of 6 to 27 Months.in Giovanna Mascheroni, Cristina Ponte & Ana Jorge(eds.)Digital Parenting. e Challenges for Families in the Digital Age. Göteborg: Nordicom.2018: 103–120.

4. Barry Schwartz.(2004). The Paradox of Choice. Why more is less. New York: Harper & Collins. pp.175.

5. Benson, J. E., & Elder Jr, G. H.(2011). Young adult identities and their pathways: A developmental and life course model. Developmental psychology, 47(6), 1646.

6. Blach–Ørsten, M., Eberholst, M., & Burkal, R.(2017). From hybrid media system to hybrid–media politicians: Danish politicians and their cross–media presence in the 2015 national election campaign. Journal of Information Technology & Politics: Social Media Campaigning in Europe: Mapping the Terrain, 14(4), 334–347.

7. Blumer, H.(1954). What is wrong with social theory?American Sociological Review, 19(1): 3–10.

8. Bruno Latour.(1999). On recalling ANT. The Sociological Review(S1).

9. Chadwick, A.(2013). The Hybrid Media System. Politics and Power. New York: Oxford University Press. pp.3.

10. D í as, P. y Teixeira-Botelho, I.(2014). Is the Second Screen becoming the First? An exploratory study of emerging multi-screening practices. Proceedings of the International Conference on Computer Graphics, Visualization, Computer Vision and Image Processing. Lisboa, 15-19.

11. Dimmick, J., Feaster, J. C. and Hoplamazian, G. J. 'News in the interstices: e niches of mobile media in space and time' , New media & Society, 2010.13: 1, 23-39.

12. Doughty, M., Rowland, D., y Lawson, S.(2012). Who is on your sofa? TV audience communities and second screening social networks. Proceedings of the 10th European conference on Interactive TV and video—EuroiTV.79-86.

13. Drucker PF(Ed). Managing in Turbulent Times. New York: Harper Collins.1980: 5.

14. Edwards S, Nolan A, Henderson M, et al. Young children' s everyday concepts of the internet: A platform for cyber-safety education in the early years. British Journal of Educational Technology, 2016, 49(1).

15. Eric von Hipple, Free Innovation[M]. The MIT Press.2016: 123.

16. Fleer M, Raban B. Constructing cultural-historical tools for supporting young children\" s concept formation in early literacy and numeracy. Early Years, 2007, 27(2): 103-118.

17. Franck, E., & N ü esch, S.(2007). Avoiding "Star Wars" : Celebrity creation as media strategy. Kyklos, 60, 211-230.

18. Friesen, N. & Hug, T., The Mediatic Turn: Exploring Concepts for Media Pedagogy. In Knut Lundby(ed.), Mediatization: Concepts, Changes,

Consequences. New York: Peter Lang, 2009, pp. 63 – 84.

19. Gassner, P.(2007). The end of the audience: How the nature of audiences changed. Global Media Journal – African Edition, 1(1), 120–129.

20. Greenwald, A. G. Ego task analysis: An integration of research on ego–involvement and self–awareness. In A. H. Hastorf & A. M. Isen(Eds.), Cognitive social psychology(pp.109–147). New York: Elsevier.1982.

21. Hallin D. C. Mancini P.(2004). Comparing media systems: Three models of media and politics. Cambridge, UK: Cambridge University Press.

22. Hanson F A, Ghasarian C, Hakken D(2004), et al. The New Superorganic. Current Anthropology, 2004, 45(4): 467–482.

23. Harrison J. Cowan, Time and its measurements, Cleveland: The world Publishing Company.1958.

24. Hasebrink U and Domeyer H.(2012). Media repertoires as patterns of behavior and as meaningful practices: A multimethod approach to media use in converging media environments. Participations: Journal of Audience & Reception Studies 9(2): 757–783.

25. Hepp A and Hasebrink U.(2014). Human interaction and communicative figurations: The transformation of mediatized cultures and societies. In: Lundby K(ed)Medialization of Communication. Berlin: de Gruyter.pp.249–272.

26. Herbert Gintis.(2009). The Bounds of Reason: Game Theory and the Unification of the Behavioral Sciences, Princeton University Press, 2009. pp.247.

27. Hofstede, G.(2001), Culture’ s Consequences: Comparing values, Behaviors, Institutions and Organizations across Nations. Thousand Oaks CA: Sage, 2001: 19.

28. Jackel, M. and Wollscheid, S.(2007), Time is money and money needs time: A secondary analysis of time–budget data in Germany, Journal of Leisure Research, 39: 1, 86–108.

29. Jihyang Choi.Why do people use news differently on SNSs? An investigation of the role of motivations, media repertoires, and technology cluster on citizens' news-related activities, Computers in Human Behavior, 2016(54).249-256.

30. John Ellis, Seeing Things: Television in an Age of Uncertainty. London: Tauris.2000: 2.

31. Judith Lynne Zaichkowsky.(1985). Measuring the Involvement Construct. Journal of Consumer Research(3).

32. JUNG, J.-Y., QIU, J. L., & KIM, Y.-C. Internet connectedness and inequality: beyond the "divide" . Communication Research, 28(4), 507-535.

33. Katz, E. "Mass Communication Research and the Study of Popular Culture" . Studies in Public Communication, 1959, 2. pp.1-6.

34. Kendall L(1999), Recontextualizing cyberspace: Methodological considerations for on-line research. In S. Jones Ed. Doing Internet Research: Critical issues and methods for Examining the Net. London: Sage

35. Keusha M. Cutright(2012), The Beauty of Boundaries: When and Why We Seek Structure in Consumption, Journal of Consumer Rearch, Vol. 38, February 2012, 775-790.

36. Kim Christian Schrøder(2015), News Media Old and New: Fluctuating audiences, news repertoires and locations of consumption, Journalism Studies, 2015, Vol. 16, No. 1, 60-78.

37. Kim, S. J.(2016). A repertoire approach to cross-platform media use behavior. New Media & Society. MAR 2016, 18 3, 353-372.

38. Latour, B. On Recalling ANT, in J. Law and J. Hassard(eds), Actor Network Theory and After. Oxford: Blackwell.1999:

39. Lee, C. S., & Ma, L.(2012). News sharing in social media: The effect of gratifications and prior experience. Computers in human behavior, 28(2), 331-339.

40. Lewis, J. David & Andrew J. Weigert.(1981). The Structures and Meanings of Social Time. Social Forces, 1981, 60(2), pp.432–462.

41. Lloyd Spencer, Postmodernism, Modernity, and the Tradition of Dissent, in The Routledge Companion to Postmodernism. London: Routledge2001: 164.

42. Marchetti, R., & Ceccobelli, D.(2016). Twitter and Television in a Hybrid Media System: The 2013 Italian election campaign. Journalism Practice, 10(5), 626–644.

43. McCutcheon, L. E., Lange, R., & Houran, J.(2002). Conceptualization and measurement of celebrity worship. British journal of psychology, 93(1), 67–87.

44. Napoli, P. M. Audience Evolution: New Technologies and the Transformation of Media Audiences, New York: Columbia University Press. 2011.

45. Nick Couldry. Media, Society, World, Social Theory and Digital Media Practice [M]. Polity Press.2012: 33.

46. Nieuwenburg P. The agony of choice: Isaiah Berlin and the phenomenology of conflict. [J]. Administration & Society, 2004, 35(6).

47. Noah Robischon, How BuzzFeed’s Jonah Peretti Is Building A 100–Year Media Company, FastCompany.com.

48. Peter Vorderer, Matthias Kohring.(2013). Permanently Online: A Challenge for Media and Communication Research, International Journal of Communication, vol. 7, no.1, 2013, 188–196.

49. Philip M. Napoli(2012), Audience Evolution and the Future of Audience Research, The International Journal on Media Management, 2012: 14, 79–97.

50. Piaget, J., & Cook, T. B. M.(1952). The origins of intelligence in children. American Journal of Psychiatry. 120(9): 934–a–934.

51. Prensky M. Digital Natives, Digital Immigrants Part 1. On the

Horizon, 2001.

52. Prensky, M.(2001). Digital natives, digital immigrants. part 1. On the horizon, 9(5), 1–6.

53. Prior M(2007)Post–broadcast Democracy: How Media Choice Increases Inequality in Political Involvement and Polarizes Elections. Cambridge: Cambridge University Press.

54. Pyrhönen, N., & Bauvois, G.(2019). Conspiracies beyond Fake News. Produsing Reinformation on Presidential Elections in the Transnational Hybrid Media System. Sociological Inquiry, Sociological Inquiry, 10/30/2019.

55. Raymond Williams, "Drama in a Dramatized Society(1974), " in Writing in Society, London: Verso, 1984, pp. 11–21.

56. Reagan, J.(1996), The repertoire of information sources. Journal of Broadcasting & Electronic Media, 40, 112–121.

57. Rogers Everett, M.(1995). Diffusion of innovations. New York, 12.

58. Rokeach, M.(1973). The nature of human values. Free press.

59. Rosen, Jay. After word: The People Formerly Known as the Audience. In Participation and Media Production. Critical Reflections on Concept Creation, eds. Nico Carpentier and Benjamin De Cleen. Cambridge: Cambridge Scholar Publishing.2008: 163–165.

60. ROSENGREN K E. Substantive theories and formal models—Bourdieu confronted [ J ] . European Journal of Communication, 1995, 10(1): 7–39.

61. Rowlands, I., Nicholas, D., Williams, P., Huntington, P.(2008). The Google generation: the information behaviour of the researcher of the future. In Aslib proceedings(Vol. 60, No. 4, pp. 290–310). Emerald Group Publishing Limited.

62. Schrøder, Kim Christian Audiences Are Inherently Cross–Media: Audience Studies and the Cross–Media Challenge. Communication

Management Quarterly.2011-18(6): 5-27.

63. Shanahan, M. J.(2000). Pathways to adulthood in changing societies: Variability and mechanisms in life course perspective. Annual review of sociology, 26(1), 667-692.

64. Shaw, D. L., McCombs, M., Weaver, D. H., & Hamm, B. J.(1999). Individuals, groups, and agenda melding: a theory of social dissonance. International Journal of Public Opinion Research, 11(1), 2-24.

65. Sherry Turkle. Alone together: Why We Expect More from Technology and Less from Each Other[M], New York: Basic Books, 2011.

66. Siapera, A., Understanding New Media. London: Sage2011: 15-16.

67. Sonia Livingstone(2015), Active Audiences? The Debate Progresses but Is Far from Resolved. Communication Theory, vol. 25, no.4, 2015, 439-446.

68. Strömbäck J, Djerf-Pierre M and Shehata A(2013)The dynamics of political interest and news media consumption: A longitudinal perspective. International Journal of Public Opinion Research 25(4): 414-435.

69. Tony Blackshaw, Zygmunt Bauman, London: Routledge 2005: 93.

70. Urry, J.(2003). Global Complexity. Cambridge: Cambridge University Press.pp.2-3.

71. Venkatesh, V., & Davis, F. D.(2000). A theoretical extension of the technology acceptance model: Four longitudinal field studies. Management science, 46(2), 186-204.

72. Webster, J. G.(2005). Beneath the veneer of fragmentation: Television audience polarization in a multichannel world. Journal of Communication, 55, 366-382.

73. Weibull, L.(1992). The status of the daily newspaper: What readership research tells us about the role of newspapers in the mass media system. Poetics, 21(4), 259-282.

74. Wells, C., Shah, D., Lukito, J., Pelled, A., Pevehouse, J.,

Yang, J., & Gil de Z ú ñiga, H.(2020). Trump, Twitter, and news media responsiveness: A media systems approach. New Media & Society, 22(4), 659–682.

75. Yan Z. Limited knowledge and limited resources: Children' s and adolescents' understanding of the Internet. Journal of Applied Developmental Psychology, 2009, 30(2): 103–115.

76. Yini High–ris Wells, , Song Wang & Karl Rohe.(2018).Attention and amplification in the hybrid media system: The composition and activity of Donald Trump' s Twitter following during the 2016 presidential election. New Media & Society(9).

77. Ytreberg.E(2011), Convergence: Essentially confused?New Media & Society 13(3), (2011): 502–508.

78. Yuan, E. J., & Webster, J. G.(2006). Channel repertoires: Using people meter data in Beijing. Journal of Broadcasting & Electronic Media, 50, 524–536.

79. Zhang, Ha. Mobile news consumption and political news interest: A time budget perspective[J]. Journal of Applied Journalism & Media Studies, 2016, 5(2).

80. Zhang, X. and Ha, L.(2015), 'Time budget, news search time cost, and news media choice' , Time & Society, 24: 2, 201–209.

81. Zillmann, D., Bryant, J., & Huston, A. C. Media, children, and the family: Social scientic, psychodynamic, and clinical perspectives. New York, NY: Routledge.2013. pp.65.

82. 阿芒·马特拉，朱振明译，全球传播起源，[M] 北京：清华大学出版社 2015.

83. 埃里克·麦克卢汉，弗兰克·秦格龙 . 麦克卢汉精华 [M]. 何道宽译 . 南京：南京大学出版社 2000.

84. 安德雷亚斯·莱克维茨，巩婕译 . 独异性社会——现代的结构转型 [M]. 北京：社会科学文献出版社 . 2019.

85. 安东尼·吉登斯 . 李康，李猛，译 . 社会的构成 [M]. 北京：生活·读书·新知三联书店，1998.

86. 安东尼·吉登斯 . 田禾译 . 现代性的后果 [M]. 南京：译林出版社 2000.

87. 安东尼·吉登斯 . 现代性与自我认同 [M]. 赵旭东等译 . 北京：生活·读书·新知三联书店 .1998.

88. 保罗·莱文森 . 数字麦克卢汉：信息化新纪元指南 [M]. 何道宽译 . 北京：社会科学献出版社 2011.

89. 伯特兰·罗素 . 权力论：一个新的社会分析 [M]. 北京：三联出版社 1988：4.

90. 卜卫 . 传播学思辨研究论 [J]. 国际新闻界，1996（05）：31–35.

91. 曹家荣 . 混杂主体：科技哲学中的“后人类”[J]. 政治与社会哲学评论，2016（6）：37–49

92. 曹书乐，何威 .“新受众研究”的学术史坐标及受众理论的多维空间 [J]. 新闻与传播研究，2013（10）：21–33

93. 陈崇山 . 受众本位论 [M]. 北京：社会科学文献出版社 2008：1，3，6.

94. 陈功 . 保罗·莱文森的人性化趋势媒介进化理论 [J]. 湖南科技大学学报（社会科学版），2016，19（01）：178–184.

95. 陈曲 . 吉登斯对行动理论构成性要素及其关系的阐释 [J]. 天津社会科学，2020（01）：75–79.

96. 陈忠 . 从后真相到新秩序：别样共同性及其公共治理 [J]. 探索与争鸣，2017（04）：29–32.

97. 大卫·伊斯利、乔恩·克莱因伯格 . 网络、群体与市场 [M]. 李晓明等译，北京：清华大学出版社 2017.

98. 戴维·J·贡克尔，保罗·A·泰勒 . 海德格尔论媒介 [M] 吴江译 . 北京：中国传媒大学出版社 2019.

99. 戴维·温伯格 . 万物皆无序：新数字秩序的革命 [M]. 李燕鸣译 . 太原：山西人民出版社 2017.

100. 戴宇辰 . 媒介化研究：一种新的传播研究范式 [J]. 安徽大学学报（哲学社会科学版），2018，42（02）：147–156.

101. 丹尼斯 · 朗 . 权力论 [M] 陆震纶等译 . 北京：中国社会科学出版社 2001.

102. 丹尼斯 · 麦奎尔 . 刘燕南等译，受众分析 [M]. 北京：中国人民大学出版社 2016.

103. 德雷克 · 格利高里，约翰 · 厄里 . 社会关系与空间结构 [M]. 谢礼圣等译 . 北京：北京师范大学出版牡，2011：143.

104. 德内拉 · 梅多斯 . 系统之美：决策者的系统思考 [M]. 邱昭良，译 . 杭州：浙江人民出版 .2012.

105. 丁卓菁 . 新媒体环境下老年群体媒介素养教育探讨 [J]. 新闻大学，2012（03）：116–121.

106. 董志强，张永璟 . 禀赋效应与自发社会秩序：一个行为经济理论 [J]. 世界经济，2016，39（10）：174–192.

107. 杜骏飞 . 框架理论 [J]. 新闻与传播研究，2017（7），124–126.

108. Hartley J. Communication，Cultural and Media Studies：The Key Concepts. New York：Routledge 2011.

109. 方兴东，卢卫，陈帅 . 中国 IT 业 20 年反垄断历程和特征研究 [J]，汕头大学学报（人文社会科学版），2017（33），27–39.

110. 菲利浦 · 科特勒 . 营销管理（第十四版）[M]. 中国人民大学出版社 2012.

111. 菲利普 · N · 霍华德 . 卡斯特论媒介 [M]. 殷晓蓉译 . 北京：中国传媒大学出版社 2019.

112. 顾金土 . 社会时空分析的类型、范例及特点 [J]. 人文杂志，2013（07）：107–113.

113. 哈罗德 · 伊尼斯 . 变化中的时间观念 [M]. 何道宽译 . 北京：中国传媒大学出版社 2013

114. 何威 . 网众与网众传播：关于一种传播理论新视角的探讨 [J]. 新闻与传播研究，2010，19（05）.

115. 赫伯特・马尔库塞 . 刘继译，单向度的人——发达工业社会意识形态研究 [M]. 上海：上海译文出版社 2006：1

116. 赫伯特・西蒙 . 人类活动中的理性 [M]. 胡怀国，冯科译 . 桂林：广西师范大学出版社 .2016.

117. 亨利・詹金斯 . 融合文化：新媒体和旧媒体的冲突地带 [M]. 杜永明译 . 北京：商务印书馆 2012.

118. 胡敏中 . 需求逻辑、消费逻辑与资本逻辑 [J]，学术研究 .2016（5），38–43.

119. 胡翌霖 . 技术的“自然选择”——莱文森媒介进化论批评 [J]，国际新闻界，2013（2），77–84.

120. 胡翼青，郭静 . 自律与他律：理解媒介化社会的第三条路径 [J]. 湖南师范大学社会科学学报，2019，48（06）：128–135.

121. 胡翼青，杨馨 . 媒介化社会理论的缘起：传播学视野中的“第二个芝加哥学派”[J]. 新闻大学，2017（06）：96–103+154

122. 胡翼青，杨馨 . 媒介化社会理论的缘起：传播学视野中的“第二个芝加哥学派”[J]. 新闻大学，2017（06）：96–103+154

123. 胡翼青 . 大众传播受众观的形成与转变——基于电影的媒介观念史研究 [J]. 山西大学学报（哲学社会科学版），2015，38（5）：70–76.

124. 黄成炬 . 媒介社会学向传播社会学的转变 . 载洪浚浩主编 . 传播学新趋势 . 北京：清华大学出版社 2014.

125. 黄娟 . 吉登斯的社会时空思想——一种试图“超越”历史唯物主义的社会历史解释视角 [EB/OL]（2010–1–9）[2020–3–6] https：//www.sinoss.net/2010/0109/17975.html

126. 黄可，柯惠新 . 本源、动力与核心：媒介消费的影响因素及其作用机制研究 [J]. 新闻与传播研究，2014，21（04）：26–41+125–126.

127. 基思・特斯特 . 李康译 . 后现代性下的生命与多重时间，上海：上海文艺出版社 2020.

128. 江作苏，黄欣欣 . 第三种现实：“后真相时代”的媒介伦理悖论 [J]. 当代传播，2017（04）：52–53+96.

129. 蒋晓丽，郭旭东 . 被遮蔽的表征——“第三学派”视域下的凯尔纳媒介观 [J]. 湘潭大学学报（哲学社会科学版），2017，41（05）：137–141.

130. 金琛，电子媒介的社会时间 [J]，湖北广播电视大学学报 .2008–28（2）：66–67.

131. 金惠敏 . 走向社会本体论——试论戴维・莫利的积极受众论 [J]. 汉语言文学，2013（3）：80–90

132. 金则霜 . 儿童电影研究的受众视角初探 [J]. 传媒观察，2017（08）：30–32.

133. 景天魁 . 时空社会学：拓展和创新 [M]. 北京：北京师范大学出版社 2017.

134. 景天魁 . 时空社会学：拓展和创新 [M]. 北京：北京师范大学出版社 2017.

135. 凯文・凯利 . 失控：机器、社会与经济的新生物学 .[M]. 北京：新星出版社，2010：3.

136. 克莱・舍基 . 认知盈余：自由时间的力量 [M]. 胡泳，哈丽斯译 . 北京：中国人民大学出版社 2011.

137. 克莱默尔 . 传媒、计算机和实在性之间有何关系？ [M]. 孙和平译 . 北京：中国社会科学出版社，2008：7–8

138. 克劳斯・布鲁恩・延森 . 媒介融合：网络传播、大众传播和人际传播的三重维度 [M]. 吴信训、何道宽编；刘君译，上海：复旦大学出版社 2012：88.

139. 库尔德利 . 媒介、社会与世界 [M]. 何道宽译 . 上海：复旦大学出版社，2014：41.

140. 赖黎捷，李明海 . 从“人体延伸”到“思维延伸”：麦克卢汉与凯文・凯利技术哲学述评 [J]. 重庆师范大学学报（哲学社会科学版），2014（06）：99–105.

141. 雷蒙·威廉姆斯 . 冯健三译 . 电视：科技与文化形式 [M]. 台北：远流出版事业股份有限公司 1974：4

142. 李爱梅，魏季 . 基于“时间心理账户”视角的幸福体验研究 [A]. 中国心理学会 . 第十五届全国心理学学术会议论文摘要集 [C]. 中国心理学会：中国心理学会，2012：1.

143. 李彪，喻国明 .“后真相”时代网络谣言的话语空间与传播场域研究——基于微信朋友圈 4160 条谣言的分析 [J]. 新闻大学，2018（02）：103–112+121+153.

144. 李凌凌，陈楠 . 保护电子和网络媒介影响下的童年 [J]. 新闻爱好者，2013（06）：16–18.

145. 李沁 . 沉浸传播的形态特征研究 [J]. 现代传播（中国传媒大学学报），2013，35（02）：116–119.

146. 理查德·泰勒，错误的行为：行为经济学关于世界的思考，从个人到商业和社会 [M]. 王晋译 . 北京：中信出版社 2017：1.

147. 廖圣清，黄文森，等 . 媒介的碎片化使用：媒介使用概念与测量的再思考 [J]. 新闻大学，2015（06）：61–73.

148. 刘少杰等 . 社会学理性选择理论研究 [M]. 北京：中国人民大学出版社，2012：163.

149. 刘新传，魏然 . 语境、演进、范式：网络研究的想象力 [J]. 新闻大学，2018（03）：98–106+150.

150. 刘宇轩，巢乃鹏 . 后真相时代的受众心理与媒体策略 [J]. 青年记者，2017（16）：15–17.

151. 柳珊，朱璇 .“批判型受众”的培养——德国青少年媒介批判能力培养的传统、实践与理论范式 [J]. 新闻大学，2008（03）：70–75+52.

152. 罗杰斯 . 传播学史——一种传记式的方法 [M]. 上海：上海译文出版社 .2012：337.

153. 罗雁飞 . 媒介融合研究的特点与问题 [J]. 新闻爱好者 .2016（10），37–40.

154. 马克・格雷厄姆，威廉・H. 达顿 . 另一个地球：互联网 + 社会 [M]. 胡泳等译 . 北京：电子工业出版社 2015

155. 马歇尔・麦克卢汉，解媒介：论人的延伸 .[M] 何道宽译，北京：商务印刷馆，2000.

156. 曼纽尔・卡斯特 . 认同的力量 [M]. 曹荣湘译 . 北京：社会科学文献出版社，2006：77.

157. 梅洛维茨 . 消失的地域 [M]. 肖志君译 . 北京：清华大学出版社 2002：47.

158. 穆宝清 . 流动的现代性：齐格蒙・鲍曼的后现代性思想研究 [J]. 中山大学学报（社会科学版）.2013（5）53，151–158

159. 尼古拉斯・盖恩，戴维・比尔 . 新媒介：关键概念 [M]. 刘君，周竞男译 . 上海：复旦大学出版社 2015.

160. 尼克・库尔德里 . 媒介仪式——一种批判的视角 [M]. 崔玺译 . 北京：中国人民大学出版社 2016.

161. 尼克・库尔德利 . 媒介、社会与世界：社会理论与数字媒介实践 [M]. 何道宽译 . 复旦大学出版社 2014.

162. 彭兰 . 网络传播概论：第四版 [M]. 北京：中国人民大学出版社，2017.

163. 齐格蒙特・鲍曼，后现代伦理学 .[M] 张成岗译 . 南京：江苏人民出版社，2003.

164. 齐格蒙特・鲍曼 . 立法者与阐释者：论现代性、后现代性与知识分子 . 洪涛译，上海：上海人民出版社 2000.

165. 齐格蒙特・鲍曼 . 流动的现代性 [M]. 欧阳景根译 . 上海：上海三联书店 .2002.

166. 齐美尔 . 桥与门：齐美尔随笔集 [M]. 三联书店上海分店，1991.

167. 曲如晓、曾燕萍，国外文化资本研究综述 [J]，国外社会科学 .2016（2），100–108.

168. 三浦展 . 第四消费时代 [M]. 马奈译 . 北京：人民出版传媒东

方出版社 2012.

169. 施蒂格·夏瓦，刘君，范伊馨 . 媒介化：社会变迁中媒介的角色 [J]. 山西大学学报（哲学社会科学），2015，38（05）：59–69.

170. 施蒂格·夏瓦 . 文化与社会的媒介化 [M]. 刘君等译 . 上海：复旦大学出版社，2020.

171. 史林静 . 保罗·莱文森媒介观：技术进化视野下的“离经叛道”[J]. 传媒，2017（16）：62–64.

172. 斯科特·拉什 . 信息批判 [M]. 杨德睿，译 . 北京：北京大学出版社，2009.

173. 隋岩 . 受众观的历史演变与跨学科研究 [J]. 新闻与传播研究，2015，22（08）：51–67+127.

174. 孙玮 . 多元共同体：理解媒介的新视野 [J]. 新闻记者，2011（4），15.

175. 汤姆·斯丹迪奇，从莎草纸到互联网：社交媒体 2000 年 [M]. 林华译 . 北京：中信出版社 2015

176. 陶日贵 . 鲍曼“流动的现代性”思想研究 [D]. 华南师范大学，2007.

177. 汪丁丁，行为经济学要义 [M]. 上海：上海人民出版社 .2015

178. 汪行福 .“后真相”本质上是后共识 [J]. 探索与争鸣，2017（04）：14–16.

179. 汪敏 . 作为一种交流关系的传播 [J]. 新闻传播，2017（05）：15+17.

180. 王贵斌，于杨 . 国际互联网媒介素养研究知识图谱 [J]. 现代传播（中国传媒大学学报），2018，40（07）：157–163.

181. 王君仪，周枫然 . 媒介认知与新媒体传播力的变迁——以新媒体的公共监督功能为例 [J]. 新闻前哨，2019（05）：33–34.

182. 王倩，李颖异 . 冲突与和解：关系视阈下流动儿童媒介素养构建研究 [J]. 现代传播（中国传媒大学学报），2018，40（01）：163–168.

183. 王宜燕 . 阅听人研究时间转向理论初探 .《新闻学研究》2012 年秋季（总第 113 期），39–75

184. 吴春萱 . 实时参与式媒介文化对受众批判素养的消解与重构 [J]. 出版发行研究，2018（02）：72–75.

185. 吴世文，薛丹，姚飞 . 关于受众研究的辩证思考——伦敦政经学院索尼娅・利文斯通教授访谈 [J]. 青年记者，2020（06）：28–30.

186. 夏德元 . 数字时代电子媒介人的崛起与出版新视界 [J]. 学术月刊，2009，41（09）：21–27.

187. 谢孝国 . 非理性媒介 [M]. 广州：羊城晚报出版社 2017.

188. 杨孝荣 . 传播社会学 [M]. 台北：台湾商务印书馆，1979：8.

189. 樱井芳生，李卓钧 . 卢曼社会系统论中的媒介观简介 [J]. 新闻与传播评论，2010（00）：49–55+235.

190. 于良芝 .“个人信息世界”——一个信息不平等概念的发现及阐释 [J]. 中国图书馆学报，2013，39（01）：4–12.

191. 喻国明，当前新闻传播“需求侧”与“供给侧”的现状分析，《新闻与写作》2017（5），44–48.

192. 喻国明，何其聪，吴文汐 . 传播学研究范式的创新：以媒介接触与使用的研究为例——用户媒介接触与使用的研究范式及学术框架 [J]. 新闻大学，2017（01）：85–93+150.

193. 喻国明，马慧，互联网时代的新权力范式：“关系赋权”——“连接一切”场景下的社会关系的重组与权力格局的变迁 [M]. 国际新闻界 2016（10），6–27.

194. 喻国明 .5G：一项深刻改变传播与社会的革命性技术 [J]. 新闻战线，2019（15）：48–49.

195. 喻国明 . 社交网络时代话语表达的特点与逻辑 [J]. 新闻与写作 . 2017（7），41–43.

196. 约翰・厄里 . 全球复杂性 [M]. 李冠福译 . 北京：北京师范大学出版社 .2009

197. 詹姆斯・韦伯斯特 . 注意力市场：如何吸引数字时代的受众

[M]. 社会郭石磊译 . 北京：中国人民大学出版社 2017

198. 张志安，晏齐宏 . 个体情绪、社会情感、集体意志：网络舆论的非理性及其因素研究 [J]. 新闻记者，2016（11）：16–22.

199. 赵海霞 . “互联网 +” 背景下 “60 后” 准老年群体媒体信息素养之研究 [J]. 图书馆学研究，2017（23）：97–101.

200. 赵晓红，安维复 . 网络社会：一种共享的交往模式 [J]. 自然辩证法研究，2003（10）：60–63+80.

201. 赵星 . 时间心理账户的理论研究 [J]. 科学中国人，2015（33）：131–132.

202. 朱永良 . 鲍曼的后现代性及其向流动的现代性之嬗变 [J]. 理论探讨，2015（06），166–169.

203. 庄致嘉，游腾林，反省文化资本理论在台湾的有效性：文化品味、教育和阶级的关联性及其变迁，台湾教育社会学研究，十六卷一期 2016（6）9–87.

204. 宗益祥 . 游戏人、Q 方法与传播学：威廉·斯蒂芬森的传播游戏理论研究 [M]. 北京：中国政法大学出版社 2017.